STUDY GUIDE

이화여자대학교 언어교육원
Ewha Womans University
Ewha Language Center

이화 한국어 참고서

김민정 · 강여림 지음

English Version

5

EPRESS

이화 한국어 참고서 5 (English Version)

지은이 김민정 · 강여림

편낸날 초판 1쇄 2015년 12월 2일
펴낸이 김훈순 **펴낸곳** 이화여자대학교출판부
주소 서울특별시 서대문구 이화여대길 52(우 03760) **등록** 1954년 7월 6일 제9-61호
전화 02) 3277-2965(편집), 02) 362-6076(마케팅)
팩스 02) 312-4312 **전자우편** press@ewha.ac.kr **홈페이지** www.ewhapress.com

번역 박경희 **감수** 최혜원 **진행** 김현진 · 정누리
책임편집 이혜지 **디자인** 김리영 · 강다원 **인쇄** 한영문화사

ISBN 979-11-5890-131-8 18710
978-89-7300-875-9 (세트)
값 12,000원

* 잘못된 책은 바꾸어 드립니다.

* 이 도서의 국립중앙도서관 출판시도서목록(CIP)은 서지정보유통지원시스템 홈페이지(http://seoji.nl.go.kr)와 국가자료공동목록시스템 (http://www.nl.go.kr/kolisnet)에서 이용하실 수 있습니다.(CIP제어번호: CIP2015031882)

이화 한국어

참고서

» Contents

Table of Contents

G Grammar V&E Vocabulary & Expression LG Listening Guide RG Reading Guide Tell Tell me! TV Topic Vocabulary

Contents

How to Use This Book

『이화 한국어 참고서 5』 is a study guide for Korean-language learners, accompanying the textbooks 『이화 한국어 5』. This study guide contains detailed explanations of the grammar, vocabulary and expressions used in the Preparation(준비합시다), Listening(들어 봅시다), Speaking(말해 봅시다), Reading(읽어 봅시다), Vocabulary Expansion(어휘 확장), and Proverb(속담) sections of each unit.

준비합시다

Grammar Focus

Grammar points are clearly explained with morphological information in the table below, helping students to understand the usage of grammatical structures and various irregular forms. Adjectives are marked as A, verbs V, and nouns N. In addition, various examples are given to demonstrate grammar in use.

Focus Plus

More detailed explanations of grammar are given such as the constraints of certain forms or differences with other similar grammatical structures, to help students to reduce errors in using grammatical structures.

Answers

Answers to the exercises in the textbook are given. Students can check the correct answers for themselves.

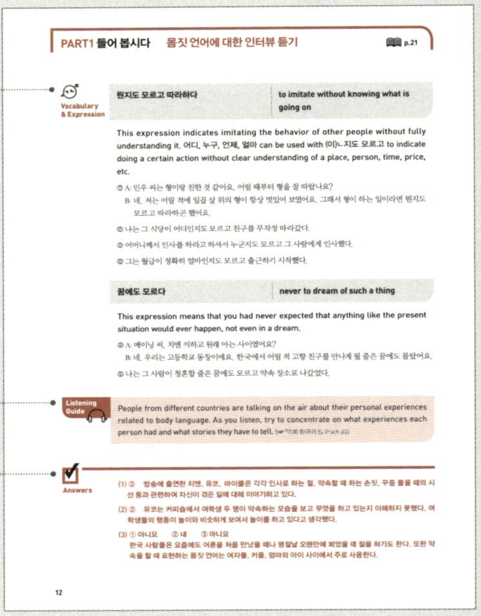

PART1 들어 봅시다 몸짓 언어에 대한 인터뷰 듣기 p.21

Vocabulary & Expression

뭔지도 모르고 따라하다	to imitate without knowing what is going on

This expression indicates imitating the behavior of other people without fully understanding it. 어디, 누구, 언제, 얼마 can be used with (이)ㄴ지도 모르고 to indicate doing a certain action without clear understanding of a place, person, time, price, etc.

A: 민우 씨는 형이랑 친한 것 같아요. 어릴 때부터 형을 잘 따랐나요?
B: 네. 저는 어릴 적에 일곱 살 위의 형이 항상 멋있어 보였어요. 그래서 형이 하는 일이라면 뭔지도 모르고 따라하곤 했어요.

나는 그 식당이 어디인지도 모르고 친구를 무작정 따라갔다.

어머니께서 인사를 하라고 하셔서 누군지도 모르고 그 사람에게 인사했다.

그는 월급이 정확히 얼마인지도 모르고 출근하기 시작했다.

꿈에도 모르다	never to dream of such a thing

This expression means that you had never expected that anything like the present situation would ever happen, not even in a dream.

A: 메이닝 씨, 치엔 씨하고 원래 아는 사이였어요?
B: 네. 우리는 고등학교 동창이에요. 한국에서 어릴 적 고향 친구를 만나게 될 줄은 꿈에도 몰랐어요.

나는 그 사람이 청혼할 줄은 꿈에도 모르고 약속 장소로 나갔었다.

Listening Guide

People from different countries are talking on the air about their personal experiences related to body language. As you listen, try to concentrate on what experiences each person had and what stories they have to tell.

Answers

(1) ③ 방송에 출연한 치엔, 유코, 마이클은 각각 인사로 하는 절, 약속할 때 하는 손짓, 꾸중 들을 때의 시선 등과 관련하여 자신이 겪은 일에 대해 이야기하고 있다.

(2) ② 유코는 커피숍에서 여학생 두 명이 약속하는 모습을 보고 무엇을 하고 있는지 이해하지 못했다. 여학생들의 행동이 놀이와 비슷하게 보여서 놀이를 하고 있다고 생각했다.

(3) ① 아니요 ② 네 ③ 아니요
한국 사람들은 요즘에도 어른을 처음 만났을 때나 명절날 오랜만에 뵈었을 때 절을 하기도 한다. 또한 약속을 할 때 표현하는 몸짓 언어는 여자들, 커플, 엄마와 아이 사이에서 주로 사용한다.

12

Tell me!

Information that is crucial for the study of Korean is given in Q&A form.

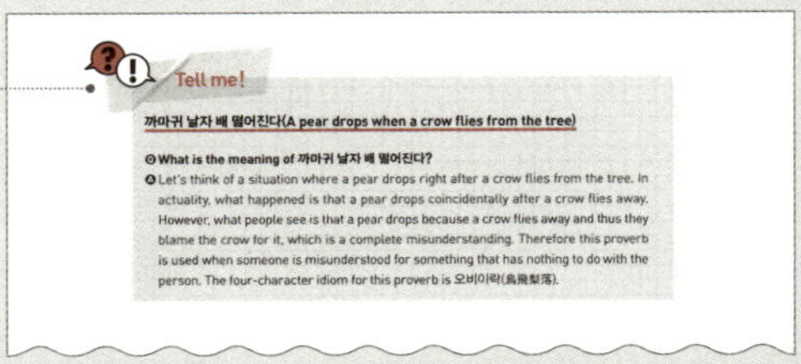

Tell me!

까마귀 날자 배 떨어진다(A pear drops when a crow flies from the tree)

Q What is the meaning of 까마귀 날자 배 떨어진다?

A Let's think of a situation where a pear drops right after a crow flies from the tree. In actuality, what happened is that a pear drops coincidentally after a crow flies away. However, what people see is that a pear drops because a crow flies away and thus they blame the crow for it, which is a complete misunderstanding. Therefore this proverb is used when someone is misunderstood for something that has nothing to do with the person. The four-character idiom for this proverb is 오비이락(烏飛梨落).

들어 봅시다 / 말해 봅시다 / 읽어 봅시다 / 어휘 확장 / 속담

Vocabulary & Expression

Detailed explanations of meaning and usage are given for words and expressions that are useful in daily life. Various examples are given to increase students' understanding.

Listening Guide / Reading Guide

The types of listening and reading texts are pre-sented to help the learners better study Listening(들어 봅시다) and Reading(읽어 봅시다) sections, together with a guide to the learning focus.

Answers

Answers to the questions in the Listening(들어 봅시다) and Reading(읽어 봅시다) sections are given along with explanations that will help students to confirm their knowledge and understand the contents.

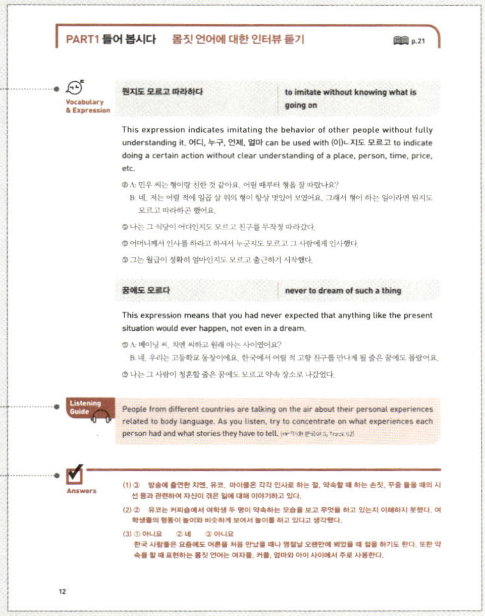

PART1 들어 봅시다 몸짓 언어에 대한 인터뷰 듣기 p.21

Vocabulary & Expression

뭔지도 모르고 따라하다	to imitate without knowing what is going on

This expression indicates imitating the behavior of other people without fully understanding it. 어디, 누구, 언제, 얼마 can be used with (이)ㄴ지도 모르고 to indicate doing a certain action without clear understanding of a place, person, time, price, etc.

예 A: 민우 씨는 형이랑 친한 것 같아요. 어릴 때부터 형을 잘 따랐나요?
B: 네. 저는 어릴 적에 일곱 살 위의 형이 항상 멋있어 보였어요. 그래서 형이 하는 일이라면 뭔지도 모르고 따라하곤 했어요.

예 나는 그 식당이 어디인지도 모르고 친구를 무작정 따라갔다.

예 어머니께서 인사를 하라고 하셔서 누군지도 모르고 그 사람에게 인사했다.

예 그는 월급이 정확히 얼마인지도 모르고 출근하기 시작했다.

꿈에도 모르다	never to dream of such a thing

This expression means that you had never expected that anything like the present situation would ever happen, not even in a dream.

예 A: 메이닝 씨, 치엔 씨하고 원래 아는 사이였어요?
B: 네. 우리는 고등학교 동창이에요. 한국에서 어릴 적 고향 친구를 만나게 될 줄은 꿈에도 몰랐어요.

예 나는 그 사람이 청혼할 줄은 꿈에도 모르고 약속 장소로 나갔었다.

Listening Guide

People from different countries are talking on the air about their personal experiences related to body language. As you listen, try to concentrate on what experiences each person had and what stories they have to tell.

Answers

(1) ③ 방송에 출연한 치엔, 유코, 마이클은 각각 인사로 하는 절, 약속할 때 하는 손짓, 꾸중 들을 때의 시선 등과 관련하여 자신이 겪은 일에 대해 이야기하고 있다.

(2) ② 유코는 커피숍에서 여학생 두 명이 약속하는 모습을 보고 무엇을 하고 있는지 이해하지 못했다. 여학생들의 행동이 놀이와 비슷하게 보여서 놀이를 하고 있다고 생각했다.

(3) ① 아니요 ② 네 ③ 아니요
한국 사람들은 요즘에도 어른을 처음 만났을 때나 명절날 오랜만에 뵈었을 때 절을 하기도 한다. 또한 약속을 할 때 표현하는 몸짓 언어는 여자들, 커플, 엄마와 아이 사이에서 주로 사용한다.

12

Vocabulary Expansion

Meanings of polysemous words introduced in each unit and their sample sentences are presented.

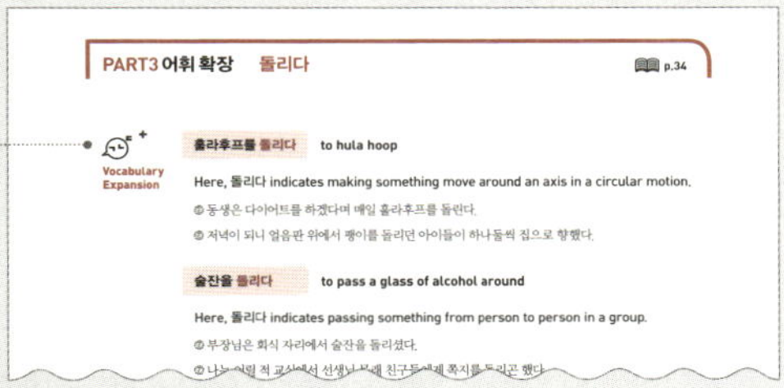

PART3 어휘 확장 돌리다 p.34

Vocabulary Expansion

훌라후프를 돌리다 to hula hoop

Here, 돌리다 indicates making something move around an axis in a circular motion.

예 동생은 다이어트를 하겠다며 매일 훌라후프를 돌린다.

예 저녁이 되니 얼음판 위에서 팽이를 돌리던 아이들이 하나둘씩 집으로 향했다.

술잔을 돌리다 to pass a glass of alcohol around

Here, 돌리다 indicates passing something from person to person in a group.

예 부장님은 회식 자리에서 술잔을 돌리셨다.

Proverb

Meaning of proverbs related to the topic of each unit and their sample sentences are presented. Pos-sible answers to the practice activities are given to help the learners check if they have adequately used corresponding proverbs.

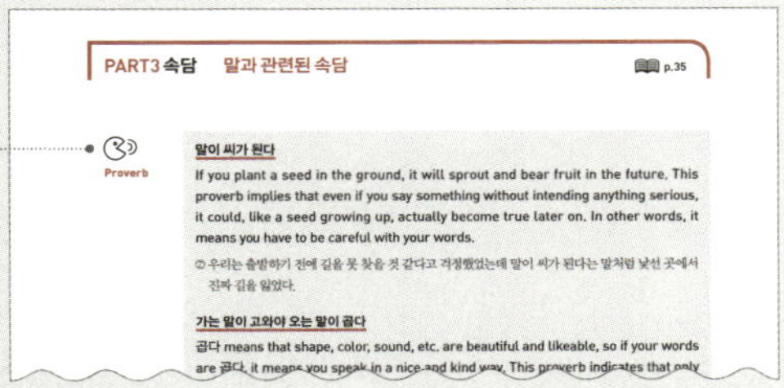

PART3 속담 말과 관련된 속담 p.35

Proverb

말이 씨가 된다

If you plant a seed in the ground, it will sprout and bear fruit in the future. This proverb implies that even if you say something without intending anything serious, it could, like a seed growing up, actually become true later on. In other words, it means you have to be careful with your words.

예 우리는 출발하기 전에 길을 못 찾을 것 같다고 걱정했었는데 말이 씨가 된다는 말처럼 낯선 곳에서 진짜 길을 잃었다.

가는 말이 고와야 오는 말이 곱다

곱다 means that shape, color, sound, etc. are beautiful and likeable, so if your words

Vocabulary Check

New words listed in the textbook have been trans-lated. Vocabulary words and expressions that are related with the topic of each section are further presented. In addition, new vocabulary words from 『이화 한국어 참고서 5』 are listed in the glossary.

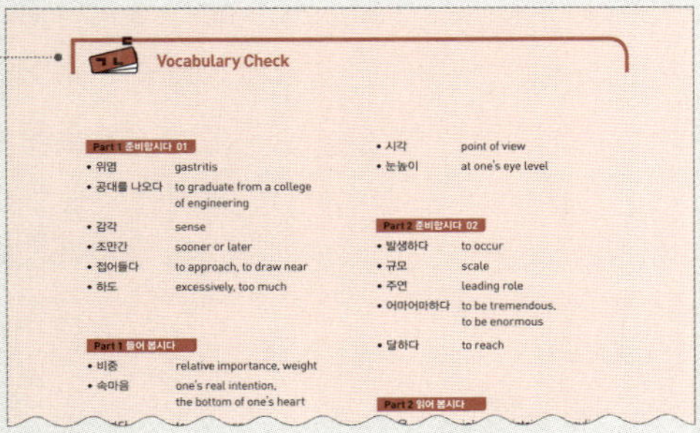

Vocabulary Check

Part 1 준비합시다 01

- 위염 gastritis
- 공대를 나오다 to graduate from a college of engineering
- 감각 sense
- 조만간 sooner or later
- 접어들다 to approach, to draw near
- 하도 excessively, too much

Part 1 들어 봅시다

- 비중 relative importance, weight
- 속마음 one's real intention, the bottom of one's heart

- 시각 point of view
- 눈높이 at one's eye level

Part 2 준비합시다 02

- 발생하다 to occur
- 규모 scale
- 주연 leading role
- 어마어마하다 to be tremendous, to be enormous
- 달하다 to reach

Part 2 읽어 봅시다

Grammar Focus

–나 하다 indicates a subjective and uncertain assumption regarding a certain state or behavior. It is generally used to express a wrong assumption or misunderstanding that the speaker previously held. It is often used in the past tense form –나 했다, since the speaker is talking about what s/he was wrong about earlier. –(으)ㄴ가 하다 is used with an adjective, –나 하다 is used with a verb and 있다/없다, and 인가 하다 is used with a noun.

Basic form	–(으)ㄴ가 하다	–았/었나 하다
바쁘다	바쁜가 하다	바빴나 하다
좋다	좋은가 하다	좋았나 하다
덥다	더운가 하다	더웠나 하다
형이다	형인가 하다	형이었나 하다

Basic form	–나 하다	–았/었나 하다
오다	오나 하다	왔나 하다
먹다	먹나 하다	먹었나 하다
살다	사나 하다	살았나 하다
있다	있나 하다	있었나 하다

ex A: 사오리 씨, 요즘 어디 아파요?
B: 아니요. 괜찮은데요. 왜요?
A: 며칠 전부터 안색이 안 좋아 보여서 몸이 아픈가 했어요.

ex A: 선생님, 혹시 지난주에 있었던 시험이 어려웠나요?
B: 어렵지 않았어요. 지난번 시험과 비슷한 수준이었어요.
A: 그렇군요. 친구들이 시험에 떨어질까 봐 걱정하길래 시험이 어려웠나 했어요.

ex A: 지은아, 혹시 이번 주말에 여행 가?
B: 아직 잘 모르겠어. 생각 중이야.
A: 그렇구나. 민우 씨가 여행 간다고 해서 혹시 너도 같이 가나 하고 물어본 거야.

ex A: 김 과장, 거래처에서 일을 처리하느라 이제 출발했어요. 곧 갈게요.
B: 아, 그렇지 않아도 혹시 회의를 잊으셨나 해서 전화를 드리려던 참이었습니다. 그럼 기다리겠습니다.

ex A: 어서 오세요. 뭘 찾으세요?
B: 저, 제가 지난주에 물건을 샀는데 다른 색깔로 교환할 수 있나 해서 들렀어요.

ex A: 엘레나 씨, 이 사진 속에 있는 사람은 동생이에요?
B: 아니요. 제 친한 후배예요.
A: 그래요? 저는 두 사람이 닮아서 자매인가 했어요.

Focus Plus

- Both –나 하다 and –나 보다(See 『이화 한국어 3–2』 Chapter 9, p.44) are used to indicate an assumption. However, –나 보다 is used to make a guess based on more sufficient grounds than –나 하다. Therefore, it indicates a rather well-grounded assumption than a false one and it is also used in an obvious situation rather than a misunderstood one.

ex A: 지금 밖에 비가 와요?
B: 아니요. 저도 밖에서 빗소리가 나는 것 같아서 비가 오나 했어요. 그런데 문을 열어 보니 비가 안 오네요.

ex A: 저 지금 나가려는데 우산이 필요할까요?
B: 네. 지금 비가 오나 봐요. 창밖에 사람들이 우산을 쓰고 다니네요.

- There are various expressions indicating assumption such as –(으)ㄹ까 싶다, –(으)려니 하다 other than –나 하다, which all have similar meanings, but –(으)ㄹ까 싶다 is used to express the speaker's thoughts or assumptions. Also, –(으)려니 하다 is used when one can assume a certain situation or guess something based on the situation.

ex A: 차를 안 가지고 왔네요?
B: 혹시 길이 막힐까 싶어서 차를 두고 나왔어요.

ex A: 제가 너무 늦었지요? 정말 미안해요.
B: 아니에요. 지은 씨가 오전에 일이 있다고 했잖아요. 일이 늦게 끝나서 늦으려니 하고 기다렸어요.

Answers

① A: 루이 씨가 공대를 나왔대요.
B: 그래요? 루이 씨가 언어 감각이 뛰어나서 언어를 전공했나 했어요.

② A: 수진 씨가 조만간 유학을 떠난대요.
B: 그래요? 수진 씨가 취직 준비를 해서 유학을 포기했나 했어요.

③ A: 젠하오 씨가 학교 기숙사에서 산대요.
B: 그래요? 젠하오 씨가 아침마다 지각해서 집이 학교에서 먼가 했어요.

④ A: 사오리 씨가 올해로 30대에 접어들었대요.
B: 그래요? 사오리 씨가 하도 어려 보여서 아직 20대 초반인가 했어요.

Vocabulary & Expression

뭔지도 모르고 따라하다	to imitate without knowing what is going on

This expression indicates imitating the behavior of other people without fully understanding it. 어디, 누구, 언제, 얼마 can be used with (이)ㄴ지도 모르고 to indicate doing a certain action without clear understanding of a place, person, time, price, etc.

ex A: 민우 씨는 형이랑 친한 것 같아요. 어릴 때부터 형을 잘 따랐나요?
B: 네. 저는 어릴 적에 일곱 살 위의 형이 항상 멋있어 보였어요. 그래서 형이 하는 일이라면 뭔지도 모르고 따라하곤 했어요.

ex 나는 그 식당이 어디인지도 모르고 친구를 무작정 따라갔다.

ex 어머니께서 인사를 하라고 하셔서 누군지도 모르고 그 사람에게 인사했다.

ex 그는 월급이 정확히 얼마인지도 모르고 출근하기 시작했다.

꿈에도 모르다	never to dream of such a thing

This expression means that you had never expected that anything like the present situation would ever happen, not even in a dream.

ex A: 메이닝 씨, 치엔 씨하고 원래 아는 사이였어요?
B: 네. 우리는 고등학교 동창이에요. 한국에서 어릴 적 고향 친구를 만나게 될 줄은 꿈에도 몰랐어요.

ex 나는 그 사람이 청혼할 줄은 꿈에도 모르고 약속 장소로 나갔었다.

Listening Guide

People from different countries are talking on the air about their personal experiences related to body language. As you listen, try to concentrate on what experiences each person had and what stories they have to tell. (☞「이화 한국어 5」 Track 02)

Answers

(1) ③ 방송에 출연한 치엔, 유코, 마이클은 각각 인사로 하는 절, 약속할 때 하는 손짓, 꾸중 들을 때의 시선 등과 관련하여 자신이 겪은 일에 대해 이야기하고 있다.

(2) ② 유코는 커피숍에서 여학생 두 명이 약속하는 모습을 보고 무엇을 하고 있는지 이해하지 못했다. 여학생들의 행동이 놀이와 비슷하게 보여서 놀이를 하고 있다고 생각했다.

(3) ① 아니요 ② 네 ③ 아니요
한국 사람들은 요즘에도 어른을 처음 만났을 때나 명절날 오랜만에 뵈었을 때 절을 하기도 한다. 또한 약속을 할 때 표현하는 몸짓 언어는 여자들, 커플, 엄마와 아이 사이에서 주로 사용한다.

Vocabulary & Expression

작년 이맘때쯤 오다	to come about this time last year

이맘때 means around this time, so if you say 작년 이맘때쯤 왔다, it means the person came to a place around this time last year. 어제/내일 이맘때쯤 means 어제/내일 이 시간쯤, or around this time yesterday/tomorrow.

ex A: 수진 씨는 이 식당에 와 본 적이 있다고 했지요?
B: 네. 작년 이맘때쯤 왔었는데 그사이에 분위기가 달라졌네요.

ex A: 회의를 마쳐야 할 시간이 되었는데 어떻게 할까요?
B: 아직 할 이야기가 남아 있으니까 내일 이맘때쯤 다시 만나서 회의합시다.

그런 줄도 모르고	without even knowing what happened

This expression means that the speaker did not know about the previous sentence or content. 그런 것도 모르고 or 그런지도 모르고 can also be used.

ex A: 지은 씨가 오늘 점심 때 갑자기 지방으로 출장을 갔대요.
B: 그랬군요. 저는 그런 줄도 모르고 지은 씨가 왜 이렇게 일찍 퇴근했을까 걱정했어요.

ex A: 내일은 한국의 공휴일이라서 수업이 없어요.
B: 그래요? 저는 그런 것도 모르고 내일 학교에 나올 생각을 하고 있었어요.

자막 없이도 이해할 수 있다	to be able to understand without subtitles

This expression means that the speaker can understand a movie without reading the subtitles. N 없이도 –(으)ㄹ 수 있다 indicates the ability to do a certain action without the help of an object or other person.

ex A: 한국 드라마를 보고 싶은데 자막이 없으면 내용을 잘 모르겠어요.
B: 저도 작년에는 그랬는데 한국어를 꾸준히 배우니까 이제는 자막 없이도 이해할 수가 있어요.

ex A: 루이 씨, 요즘에는 한국에서 혼자 버스 타는 것이 어렵지 않지요?
B: 그럼요. 이제는 친구 도움 없이도 버스를 혼자 탈 수 있게 됐어요.

ex 쓰기 숙제를 하려면 사전을 얼마나 많이 찾는지 모른다. 사전 없이도 한국어 작문을 잘할 수 있으면 좋겠다.

Grammar Focus

–(으)므로 indicates a cause, reason, or grounds of what comes in the following clause. It is used in formal situations such as speeches or presentations, or in written language such as in essays. –(으)므로 is used with an adjective or verb, and 이므로 is used with a noun.

Basic form	–(으)므로	–았/었으므로
크다	크므로	컸으므로
좁다	좁으므로	좁았으므로
일으키다	일으키므로	일으켰으므로
찾다	찾으므로	찾았으므로
만들다	만들므로	만들었으므로
있다	있으므로	있었으므로
일반적이다	일반적이므로	일반적이었으므로

ex A: 김 기자, 갑자기 날씨가 더워져서 바다를 찾는 사람들이 늘었다면서요?
B: 네, 그렇습니다. 그런데 아직은 수온이 낮으므로 바다에서 수영할 때는 조심해야 합니다.

ex A: 사장님은 회사를 경영하시면서 무엇을 가장 중요하게 생각하십니까?
B: 회사의 이익을 직원들과 나누는 것이지요. 직원들의 노력 덕분에 수익이 증가했으므로 직원들에게도 그 혜택이 돌아가야지요.

ex A: 요즘 금연 구역을 확대하자는 목소리가 높아지고 있지요?
B: 그렇습니다. 흡연은 흡연자뿐만 아니라 주변 사람들의 건강도 해치므로 금연 구역을 확대해야 한다는 의견이 많습니다.

ex A: 선생님, 인간관계 때문에 어려움을 겪고 있는 분들께 한 말씀 해 주시겠습니까?
B: 자신과 어려운 관계에 있는 사람들을 피하려고 하지 말고 그들에게 조금씩 다가가려고 노력해야 합니다. 인간은 사회적 동물이므로 사회를 떠나서 혼자 살 수는 없으니까요.

ex 공연장의 주차 공간이 충분하지 않으므로 가급적 대중교통을 이용해 주시기 바랍니다.

ex 여러분, 한 번 파괴된 자연은 회복되기 어려우므로 자연을 보호하는 일에 우리 모두 힘을 써야겠습니다.

ex 말하기 대회에서 우수한 성적을 거두었으므로 이 상장을 드립니다.

ex 아파트 주민 여러분들께 안내 말씀을 드립니다. 겨울철에는 수도관이 얼 수 있으므로 주민 여러분들의 주의를 부탁드립니다.

Focus Plus

- –(으)므로 cannot be used in an imperative or propositive sentence.

  ex 이 역은 승강장과 열차 사이의 간격이 넓으므로 열차를 타실 때 조심하시기 바랍니다. (○)
  이 역은 승강장과 열차 사이의 간격이 넓으므로 열차를 타실 때 조심하십시오. (×)

  ex 이번 행사를 성공적으로 개최하려면 모두의 노력이 필요하므로 함께 최선을 다해야겠습니다. (○)
  이번 행사를 성공적으로 개최하려면 모두의 노력이 필요하므로 함께 최선을 다합시다. (×)

- A sentence that contains two clauses connected by –(으)므로 can be divided into two sentences by using 그러므로. 그러므로 is a conjunctive adverb you can use when the content before it is the reason, cause, or grounds of what follows next. It is usually used in assertive writing or speech to conclude one's thoughts.

  ex 인간은 누구나 완벽할 수 없으므로 겸손하게 자신의 부족함을 인정할 줄 알아야 한다.
  (= 없다. 그러므로)

  ex 자신이 살아가는 목적과 이유를 찾으면 삶의 의미를 알게 되므로 인생을 낭비하는 일은 없을 겁니다.
  (= 알게 됩니다. 그러므로)

- –(으)므로 is usually used in formal or ceremonious situations, whereas –아/어서(See 「이화 한국어 1–2」 Chapter 10, p.56), and –(으)니까(See 「이화 한국어 2–1」 Chapter 5, p.100) are used in everyday conversations.

  ex A: 민우 씨, 제가 아까 말실수를 해서 수진 씨 기분이 안 좋은 것 같아요.
  B: 정말 그런 것 같네요. 무심코 한 말이 다른 사람한테는 상처가 될 수 있으니까 말을 할 때는 조심해야겠어요.

Answers

① 요즘 독감이 유행하는 시기이므로 외출 후에는 손발을 깨끗이 씻어야 합니다.
② 어린이의 시각은 어른과 다르므로 아이의 눈높이에 맞춰서 교육해야 합니다.
③ 인간은 사회를 떠나서 살 수 없으므로 다른 사람과 어울려서 살아가야 합니다.
④ 말은 표현 방법에 따라 다르게 전달되므로 말을 신중하게 해야 합니다.

Grammar Focus

만 해도 means even if speaking only of, indicating that the speaker is mentioning one example out of many possible ones. It is generally used to show a typical example of a characteristic or action. It is usually with a noun and particles such as 에 or 에서.

Noun	만 해도	Noun	만 해도
식비	식비만 해도	지난주	지난주만 해도
회사원	회사원만 해도	이맘때	이맘때만 해도

ex A: 요즘 들어 한국어를 배우러 한국에 오는 외국인들이 많이 늘어난 것 같아요.
B: 맞아요. 우리 학교에 오는 학생들만 해도 1년에 5,000명이 넘어요.

ex A: 수진이가 이번에 대기업에 입사했대.
B: 그렇구나. 수진이가 취업 준비를 열심히 했잖아. 컴퓨터 관련 자격증만 해도 다섯 개나 되더라고.

ex A: 이번 휴가 때 해외여행 간다고 했었지요? 여행 준비는 잘 하고 있어요?
B: 네. 그런데 돈이 많이 들 것 같아서 좀 걱정이에요. 비행기 값만 해도 200만 원이 훨씬 넘어요.

ex A: 이 인터넷 사이트는 꽤 유명한가 봅니다.
B: 그렇습니다. 하루 동안 이 사이트에 오는 평균 방문객 수만 해도 2만 명 정도 된다고 합니다.

ex A: 요즘 건설 경기가 좋은가 봐요. 여기저기에 아파트가 많이 세워지고 있던데요?
B: 맞아요. 저희 동네에만 해도 요즘 새 아파트가 많이 들어서고 있어요.

ex A: 저 건물에는 사무실이 무척 많아 보이네요.
B: 정말 그렇군요. 1층부터 3층까지만 해도 사무실이 스무 개 넘게 있는 것 같아요.

Focus Plus

- When you put nouns that represent time in front of 만 해도, it indicates that the present situation has changed a lot compared to the indicated past.

  ex 10년 전만 해도 국제결혼을 하는 사람들이 이렇게 많지는 않았던 것 같다.

  ex 어제까지만 해도 날씨가 꽤 쌀쌀했는데 오늘은 따뜻한 봄기운이 느껴진다.

- 만 해도 can be used with certain nouns or noun forms to emphasize the meaning as in 생각만 해도, 보기만 해도, or 듣기만 해도.

  ex 내일 정말 보고 싶었던 공연을 보러 간다. 생각만 해도 벌써부터 설렌다.

Answers

① A: 그 사람은 재산이 많다면서요?
B: 네. 가지고 있는 부동산만 해도 수백억 원대에 달한대요.

② A: 그 회사의 규모가 꽤 크다면서요?
B: 네. 직원만 해도 700명 이상이래요.

③ A: 영화 제작비가 많이 들었다면서요?
B: 네. 주연 배우 출연료만 해도 어마어마하대요.

④ A: 홍수로 인한 피해가 심각하다면서요?
B: 네. 수재민만 해도 수천 명 발생했대요.

Vocabulary & Expression

무뚝뚝한 인상을 주다	to give an unfriendly impression

무뚝뚝하다 is used when someone's way of speaking behavior, attitude, or facial expression is not gentle and friendly, but distant and blunt.

ex 그 사람은 말수가 적어서 무뚝뚝한 인상을 준다.

한국 사람이라면 누구나	anyone who is Korean

N(이)라면 누구나 indicates that anyone who belongs in a particular group has the habits or characteristics shown in the following clause. Instead of 누구나, you can also use 예외 없이, or 하나같이.

ex 한국 사람이라면 누구나 전통 민요인 「아리랑」을 부를 줄 안다.

ex 아마도 부모라면 예외 없이 자식의 행복을 바랄 것이다.

부드러우면서도 재미있다	it is not only gentle but also amusing

When an adjective and -(으)면서 are combined, it indicates the subject having more than one quality at the same time. When the particle 도 is added, the meaning is further emphasized. (Examples of how -(으)면서 is used with a verb are shown in 『이화 한국어 2-2』 Chapter 9, p.39)

ex 내 친구는 말투가 부드러우면서도 재미있어서 같이 이야기하면 항상 즐겁다.

ex 새로 이사하려는 동네는 조용하면서도 깨끗해서 마음에 든다.

Reading Guide

This article describes local dialects of Korea. As you read, try to focus on the characteristics, impressions, and examples of each local dialect. (☞ 『이화 한국어 5』 p.28)

Answers

(1) ④　사투리의 정의는 1단락, 사투리의 가치는 5단락, 각 지역별 사투리의 예는 2~4단락에 나와 있다. 반면에 사투리 교육의 필요성은 언급되지 않았다.

(2) 2~4단락에 각 지방 사투리의 예와 특징, 느낌이 나와 있다. 교재 정답 p.200 참고

(3) ① 아니요　② 아니요　③ 네
경상도 남자들의 말은 무뚝뚝한 인상이나 믿음직스러운 느낌을 주고 표준어에 비해 강하게 느껴진다.

(4) "어짜노."는 문장이 축약되었으므로 경상도 사투리이고 "어떠케유."는 문장의 끝이 '요'가 아닌 '유'이기 때문에 충청도 사투리이다. '어째야쓰까잉.'은 문장의 끝에 '잉'이 있어서 전라도 사투리임을 알 수 있다.

Vocabulary Expansion

훌라후프를 돌리다 to hula hoop

Here, 돌리다 indicates making something move around an axis in a circular motion.

ex 동생은 다이어트를 하겠다며 매일 훌라후프를 돌린다.

ex 저녁이 되니 얼음판 위에서 팽이를 돌리던 아이들이 하나둘씩 집으로 향했다.

술잔을 돌리다 to pass a glass of alcohol around

Here, 돌리다 indicates passing something from person to person in a group.

ex 부장님은 회식 자리에서 술잔을 돌리셨다.

ex 나는 어릴 적 교실에서 선생님 몰래 친구들에게 쪽지를 돌리곤 했다.

떡을 돌리다 to pass around rice cakes

Here, 돌리다 indicates delivering or distributing something to people.

ex 어제 옆집으로 이사 온 아주머니는 이웃들에게 떡을 돌리셨다.

ex 오늘 개업한 빵집에서 손님들에게 기념품을 돌리던데 받으셨어요?

발길을 돌리다 to turn one's steps

Here, 돌리다 indicates turning the direction of the body, such as in turning one's steps towards a different direction.

ex 나는 휴대 전화를 두고 나온 것이 생각나서 집으로 발길을 돌렸다.

ex 옆에 앉아 있던 친구가 갑자기 고개를 돌리더니 나에게 말을 걸었다.

화제를 돌리다 to change the subject

Here, 돌리다 indicates diverting from the topic that was being talked about.

ex 그는 거짓말을 들키지 않으려고 얼른 화제를 돌렸다.

ex 어색한 침묵이 흐르는 것을 느낀 민우는 얼른 말머리를 돌려 분위기를 띄우려고 했다.

말을 돌리다 to try to avoid what should be said

Here, 돌리다 indicates speaking indirectly or beating around the bush.

ex 그는 성격이 소심해서 직접적으로 말하지 못하고 말을 돌려서 하는 경향이 있다.

ex 시간이 없으니까 이야기를 빙빙 돌리지 말고 빨리 본론부터 말하세요.

p.35

Proverb

말이 씨가 된다

If you plant a seed in the ground, it will sprout and bear fruit in the future. This proverb implies that even if you say something without intending anything serious, it could, like a seed growing up, actually become true later on. In other words, it means you have to be careful with your words.

ex 우리는 출발하기 전에 길을 못 찾을 것 같다고 걱정했었는데 말이 씨가 된다는 말처럼 낯선 곳에서 진짜 길을 잃었다.

가는 말이 고와야 오는 말이 곱다

곱다 means that shape, color, sound, etc. are beautiful and likeable, so if your words are 곱다, it means you speak in a nice and kind way. This proverb indicates that only when you talk to a person nicely and kindly so that the other person won't feel bad or offended, will the other person speak to you and treat you back nicely.

ex 가는 말이 고와야 오는 말이 곱다고 내가 기분 좋은 말을 듣기 위해서는 상대방에게 먼저 말을 좋게 해야 한다.

입은 비뚤어져도 말은 바로 하랬다

입이 비뚤어졌다 means the mouth is skewed to one side. 바로 means as it truthfully is, without lies or pretenses. Therefore this proverb indicates that even if a situation looks bad, what comes out of your mouth should always be honest and right.

ex 입은 비뚤어져도 말은 바로 하랬는데 요즘 정치인들은 바른말 하기를 두려워한다.

Answers

3. (1) 말이 씨가 된다
   A: 이번 시험에서 떨어질 것 같아서 너무 불안해. 꼭 붙어야 하는데.
   B: 그런 말 하지 마. 말이 씨가 된다고 하잖아. 열심히 준비했으니까 잘 볼 거야.

   (2) 가는 말이 고와야 오는 말이 곱다
   A: 앗! 도대체 어디를 쳐다보고 다니는 거야?
   B: 뭐? 그러는 당신은? 당신도 앞을 제대로 봤어야지!
   A: 어허, 길에서 이렇게 언성을 높여도 되나?
   B: 뭐라고? 가는 말이 고와야 오는 말이 곱다는 말도 몰라? 당신이 먼저 화를 냈잖아!

   (3) 입은 비뚤어져도 말은 바로 하랬다
   A: 너하고 준서의 답이 똑같아. 왜 남의 답을 베꼈니?
   B: 선생님, 제가 준서 답을 베낀 게 아니라 준서가 제 걸 보고 쓴 거예요.
   A: 입은 비뚤어져도 말은 바로 하랬다고 너 그러면 안 된다. 선생님은 분명히 네가 준서 것을 베끼는 모습을 봤어.

Vocabulary Check

Part 1 준비합시다 01

- 위염 gastritis
- 공대를 나오다 to graduate from a college of engineering
- 감각 sense
- 조만간 sooner or later
- 접어들다 to approach, to draw near
- 하도 excessively, too much

Part 1 들어 봅시다

- 비중 relative importance, weight
- 속마음 one's real intention, the bottom of one's heart
- 엿보다 to peek, to spy on
- 자국 one's own country
- 엄지손가락 thumb
- 귀띔하다 to give a hint, to tip off
- 예의에 어긋나다 to offend against good manners, against etiquette
- 꿈에도 모르다 to never dream that something might happen, to never even imagine

Part 1 말해 봅시다

- 제법 fairly, quite, considerably
- 만원 no vacancy, full house
- 이맘때 about this time

Part 2 준비합시다 01

- 불가분 inseparability, indivisibility
- 평등하다 to be equal
- 적용되다 to apply to
- 시각 point of view
- 눈높이 at one's eye level

Part 2 준비합시다 02

- 발생하다 to occur
- 규모 scale
- 주연 leading role
- 어마어마하다 to be tremendous, to be enormous
- 달하다 to reach

Part 2 읽어 봅시다

- 고유 inherent, intrinsic, peculiar
- 동일하다 to be identical, to be same
- 흩어지다 to be dispersed, to be scattered
- 축약하다 to contract, to abbreviate
- 믿음직스럽다 to be reliable, to be trustworthy
- 속이 깊다 to be deep, mature and thoughtful
- 까닭 cause
- 익살스럽다 to be humorous, to be comical
- 경향 tendency, trend
- 구수하게 들리다 to sound not very sophisticated but genuinely warm and charming, to sound countrified
- 각양각색 various styles, all kinds of
- 희로애락 all emotions(joy, anger, sorrow, and happiness)
- 정서 emotion, sentiment

- 고스란히 just as it was, with nothing touched
- 문화유산 cultural inheritance
- 경청 listening respectfully, listening with great interest
- 애초 the very first, the start
- 진정하다 to be true, to be real

Part 2 써 봅시다

- 육지 land
- 압축적 compressive, compact
- 이를테면 so to speak, for instance
- 반영하다 to reflect

Part 3 토의해 봅시다

- 불분명하다 to be obscure, to be vague, to be unclear
- 강요하다 to force, to impose
- 지적하다 to point out

Topic Vocabulary

Speech

- 뚱딴지 같은 소리 farfetched idea, absurd remark
- 말 같지 않은 말 nonsense
- 말 그대로 literally
- 말도 못하다 to be dumfounded, to be speechless
- 말도 안 되는 소리 out of the question, nonsense
- 말도 안 되다 to be ridiculous, to be absurd, to be outrageous
- 말이 아니다 to be beyond being reasonable
- 말할 것도 없다 it is needless to say that ···, it is a matter of course that ···
- 새빨간 거짓말 downright lie, complete fabrication

PART1 준비합시다 01 • –기(가) 일쑤이다

p.38

Grammar Focus

–기(가) 일쑤이다 indicates that something happens quite often. It is used when the event happens regardless of the speaker's will. 일쑤이다 is a combination of the bound noun 일쑤 and 이다, and can also be used as –기(가) 일쑤다. –기(가) 일쑤이다 is used with a verb and 가 can be omitted.

Basic form	–기(가) 일쑤이다	Basic form	–기(가) 일쑤이다
나다	나기(가) 일쑤이다	받다	받기(가) 일쑤이다
거르다	거르기(가) 일쑤이다	찾다	찾기(가) 일쑤이다

ex A: 민우 씨는 정말 식성이 좋은 것 같아요. 어렸을 때도 이렇게 잘 먹었나요?
B: 아니요. 어렸을 때는 지금처럼 골고루 먹지 않고 편식을 해서 부모님께 야단맞기 일쑤였어요.

ex A: 사라 씨, 저 지금 커피 마시려고 하는데 같이 마실래요?
B: 미안해요. 오후에 커피를 마시면 뜬눈으로 밤을 새우기 일쑤라서 저는 이 시간에 잘 안 마셔요.

ex A: 하루 종일 앉아서 근무를 하다 보니까 다리가 퉁퉁 붓기 일쑤인데 어떻게 하면 붓기를 가라앉힐 수 있을까?
B: 계속 한 자세로 앉아만 있지 말고 중간 중간 다리 스트레칭을 해 주면 좋대. 너도 한번 해 봐.

ex A: 루이 씨, 한국 생활에 익숙해졌어요?
B: 네. 어느 정도 적응했어요. 그런데 길 찾는 게 어려워서 아직도 처음 가는 곳은 헤매기 일쑤예요.

ex A: 뭘 그렇게 적고 있어?
B: 해야 할 일을 메모하고 있어. 요즘 건망증이 심해져서 해야 할 일을 잊어버리기 일쑤거든.

Focus Plus

- –기(가) 일쑤이다 is used more in negative situations than in positive situations. Using it for positive situations is awkward.

  ex 성공한 사람들 대부분은 항상 열심히 노력하기 때문에 주변 사람들에게 능력을 인정받기 일쑤예요. (×)

Answers

① A: 뉴스에서 보니까 요즘 층간 소음이 심해서 문제가 되고 있대요.
B: 저도 봤어요. 그래서 이웃 간에 갈등이 생기기 일쑤라고 하더라고요.

② A: 신문에서 보니까 대도시에 주차 공간이 부족해서 문제가 되고 있대요.
B: 저도 봤어요. 그래서 운전자들이 불법 주차를 하기 일쑤라고 하더라고요.

③ A: 뉴스에서 보니까 요즘 자가운전자가 많아져서 문제가 되고 있대요.
B: 저도 그 뉴스 들었어요. 그래서 출퇴근 시간에 길이 막히기 일쑤라고 하더라고요.

④ A: 신문에서 보니까 지역 이기주의 문제가 심해져서 문제가 되고 있대요.
B: 저도 뉴스에서 봤어요. 그래서 지역 간에 갈등이 일어나기 일쑤라고 하더라고요.

Vocabulary & Expression

다름이 아니라	as a matter of fact, what I want to say is

This expression indicates that there is no other reason than the one about to be mentioned. It can be replaced with 다른 게 아니라 or 딴 게 아니라.

ex 오늘 이렇게 여러분을 오시라고 한 이유는 다름이 아니라 우리 학교의 발전 방안을 모색하기 위함입니다.

ex 이번 바자회 목적은 다른 게 아니라 어려운 환경에 처해 있는 어린이를 돕는 데 있습니다.

ex A: 인터넷 쇼핑의 아쉬운 점은 딴 게 아니라 옷을 입어 보고 살 수 없다는 것이지요.
B: 맞아요. 아무리 인터넷 쇼핑이 편해도 어울리지 않거나 사이즈가 맞지 않으면 입을 수 없잖아요.

시도 때도 없이	all the time, without the least respect for time and place

Both 시 and 때 indicate time. So the expression is used when something happens very often regardless of time.

ex A: 두통이 시도 때도 없이 찾아오고 약을 먹어도 별 효과가 없어요.
B: 그래요? 그냥 두고 보면 안 될 것 같아요. 빨리 병원에 가서 검진을 받아 보세요.

ex A: 요즘 시도 때도 없이 광고 전화가 와서 정말 스트레스 받아요.
B: 맞아요. 저도 광고 전화 때문에 골치가 아파요.

Listening Guide

A medical doctor is giving health advice to listeners on a radio program. Listen carefully for the causes of the diseases and ways to relieve their symptoms. (☞『이화 한국어 5』 Track 10)

Answers

(1) ② 전문가는 세 가지 질병에 대한 원인과 문제 해결 방법을 설명하고 있다. 건강 검진, 질병 예방법, 효과적인 운동법에 대해서는 언급하고 있지 않다.

(2) 전문가는 다음과 같이 조언했다. ①번 탈모는 편식을 하지 말고 영양적으로 균형 있는 식사를 하는 것이 좋다. ②번 불면증에는 혈액 순환이 잘되게 반신욕을 하는 것이 효과적이다. ③번 알레르기성 비염 증상이 있을 때는 환절기에 야외 활동을 자제하고 부득이하게 외출을 할 경우 마스크를 착용하는 것이 좋다.

(3) ① 아니요 ② 아니요 ③ 네
하루에 머리카락이 50~70개 정도 빠지는 것은 정상이다. 그리고 카페인은 숙면에 지장을 주기 때문에 자기 6시간 전부터는 아예 마시지 않는 것이 좋다.

Vocabulary & Expression

통 입맛이 없다 | **to totally lose one's appetite**

통 means 전혀 or 도무지 and is usually used with negative words such as 않다, 못하다, 없다, and 모르다. 통 입맛이 없다 is used when you have no appetite and do not want to eat anything.

ex A: 엘레나 씨, 못 본 사이에 살이 좀 빠진 것 같네요.
B: 요즘 통 입맛이 없어서 먹지 못했더니 살이 좀 빠졌어요.

ex 전화가 계속 끊겨 들리는 바람에 상대방이 무슨 말을 하는지 통 알아들을 수가 없었어요.

ex A: 저 사람 낯은 익은데 어디에서 본 사람인지 통 기억이 나지 않네요.
B: 학교와 집을 오가다가 만난 사람이 아닐까요?

과자로 끼니를 때우다 | **eating only snacks for one's meals**

끼니 can mean a regularly eaten meal including breakfast, lunch, and dinner or the behavior of eating the meal at a regular time. 때우다 is to substitute a meal with simple food and therefore, 과자로 끼니를 때우다 indicates that one eats snacks for a meal instead of more substantial food like rice.

ex A: 사라 씨, 오늘은 아침 식사하고 왔어요?
B: 아니요. 오늘도 늦게 일어나서 지각하지 않으려고 과자로 간단히 끼니를 때우고 왔어요.

ex A: 김 기자! 현재 지진 피해 현장 상황은 어떻습니까?
B: 네, 이곳은 지진으로 인해 물과 가스가 끊겨서 수천 명의 사람들이 구호품으로 끼니를 때우고 있는 상황입니다.

우습게 여기다 | **to think little of**

Here, 우습다 means rather trivial and not important. Therefore, 우습게 여기다 is used when a person considers another person or a matter as unimportant and trivial.

ex A: 루이 씨, 아직도 감기가 다 안 나았어요?
B: 네. 단순한 감기 증상이라고 우습게 여기고 병원에 안 갔다가 이렇게 더 심해졌어요.

ex A: 왜 그렇게 표정이 안 좋아? 무슨 일 있었어?
B: 오늘 집주인을 만났는데 연락도 없이 1시간이나 늦고는 사과도 안 하는 거야. 나를 우습게 여기는 것 같아서 기분이 나빴어.

Grammar Focus

–지 is used when listing two contrasting possible situations while acknowledging one and denying the other. Generally it is used in the form of –지 –지는 않다. –지 is used with an adjective or verb, while (이)지 is used with a noun.

Basic form	–지	–았/었지
바쁘다	바쁘지	바빴지
많다	많지	많았지
잘하다	잘하지	잘했지
있다	있지	있었지
거짓말이다	거짓말이지	거짓말이었지

ex A: 나타샤 씨, 다음 달에 동창회를 하기로 했는데 시간 괜찮아요? 나타샤 씨는 아이들 때문에 바빠서 오기 어렵지요?
B: 오전에 만나면 저도 갈 수 있어요. 아이들이 학교에서 돌아오는 오후에나 바쁘지 오전에는 바쁘지 않아요.

ex A: 배우 유승민 씨가 이혼을 했다면서요? 왜 이혼했는지 알아요?
B: 저도 그 소식 들었어요. 그 사람이 돈 버는 것에만 관심이 많았지 가족들에게는 전혀 신경을 쓰지 않았대요.

ex A: 이 옷 어때요? 우리 조카 주려고 샀어요.
B: 색깔이 너무 어둡지 않아요? 대부분의 아이들은 밝은 색깔을 좋아하지 그런 색은 별로 안 좋아하던데요.

ex A: 저 이번에도 다이어트에 실패했어요. 체중 감량도 거의 안 됐고요. 열심히 했는데 도대체 실패한 이유가 뭘까요?
B: 수진 씨는 다이어트를 하면서 식사량만 조절했지 운동은 전혀 하지 않았잖아요.

ex A: 민우 씨, 작년에 스페인에 다녀왔다고 했죠? 저도 이번 방학에 가려고 하는데 교통 정보 좀 주세요.
B: 미안해요. 저는 여행사 패키지여행으로 간 거라서 가이드만 따라다녔지 제가 혼자 다니지 않아서 잘 몰라요.

ex A: 사라 씨, 사라 씨는 아침에 주로 빵을 먹지요?
B: 아니요. 저는 아침마다 밥을 먹지 빵을 먹지는 않아요. 지금 하숙집에서 살고 있어서 하숙집 아주머니께서 아침을 차려 주시거든요.

ex A: 저 옷과 함께 걸려 있는 가방은 얼마예요?
B: 그건 전시품이지 판매하는 것이 아닙니다.

ex A: 혹시 두 분 쌍둥이세요?
B: 아니요. 저희는 자매지 쌍둥이는 아닙니다. 제가 언니고 이쪽이 제 동생입니다.

Focus Plus

- When you want to speak emphatically or describe an extreme situation, –지, –았/었지 can be used in the form of –(으)ㄹ 뿐이지, –았/었을 뿐이지.

  ex A: 장애를 가진 사람은 남보다 몸이 조금 불편할 뿐이지 일반인들과 다르지 않습니다. 따라서 장애인에게도 모든 기회를 평등하게 제공해야 한다고 생각합니다.
  B: 저도 그 의견에 동의합니다. 사회적 편견 때문에 장애인들이 불이익을 받고 있고 있습니다. 이런 편견을 깨야 합니다.

  ex A: 솔직하게 대답하세요. 그날 당신이 물건을 훔친 거 맞죠?
  B: 아닙니다. 저는 물건을 구경했을 뿐이지 절대로 훔치지 않았습니다.

- When you want to express your firm determination regarding a certain action, you can repeat the same verb in the form of –(으)면 –지, –(으)면 –았/었지.

  ex A: 사장님, 이 식당의 성공 비결은 무엇이라고 생각하십니까?
  B: 신선한 재료를 사용하는 것이 성공 비결입니다. 제가 손해를 보면 봤지 지금까지 한 번도 안 좋은 재료로 음식을 만든 적이 없습니다.

- Placed at the end of a sentence, –지(요) is used to ask the listener what the speaker already knows about, only to make sure again or to ask for agreement. (See 『이화 한국어 1–2』 Chapter 13, p.98) However, other than such meaning, it is also used to assume that the listener is aware of a certain fact, or to talk about the speaker's opinion in a friendly way. In addition, it is used to ask or invite the listener to do something.

  ex A: 이번 시험 정말 어려웠지요?
  B: 네, 무척 어려웠어요. 우리 반 친구들 대부분이 어려웠다고 하던데요.

  ex A: 저 부부는 외모나 성격이 매우 닮은 것 같아요.
  B: 부부는 살면 살수록 서로 닮아 가기 마련이지요.

  ex A: 이번 일은 김 과장이 한번 맡아서 해 보지. 꼼꼼한 김 과장 성격에 잘 맞을 것 같아.
  B: 네, 알겠습니다. 열심히 해 보겠습니다.

Answers

① A: 메이닝 씨가 천재라고 들었는데 정말 그래요?
B: 제가 보기에 메이닝 씨는 노력파지 머리가 좋지는 않아요.

② A: 루이 씨가 바람둥이라고 들었는데 정말 그래요?
B: 제가 보기에 루이 씨는 아는 여자가 많지 바람을 피우지는 않아요.

③ A: 젠하오 씨가 술고래라고 들었는데 정말 그래요?
B: 젠하오 씨는 술자리를 좋아하지 술을 많이 마시지는 않아요.

④ A: 엘레나 씨의 여동생이 미인이라고 들었는데 정말 그래요?
B: 엘레나 씨의 여동생은 귀엽게 생겼지 예쁘게 생기지는 않았어요.

Grammar Focus

–든지 –든지 indicates that the speaker does not care which out of two more options is chosen. It is used with an adjective or verb. You can also use –든 –든, omitting the –지. If you put 상관없이, 관계없이, or 간에 after –든지 –든지, you can express the meaning more clearly.

Basic form	–든지 –든지	–았/었든지 –았/었든지
크다/작다	크든지 작든지	컸든지 작았든지
사다/만들다	사든지 만들든지	샀든지 만들었든지
낳다/안 낳다	낳든지 안 낳든지	낳았든지 안 낳았든지
있다/없다	있든지 없든지	있었든지 없었든지
아들이다/딸이다	아들이든지 딸이든지	아들이었든지 딸이었든지

ex A: 사라 씨, 이번 시험도 지난번 시험처럼 어려우면 어떻게 하지요? 너무 걱정이 돼서 공부가 잘 안 되네요.
B: 너무 걱정하지 마세요. 시험이 어렵든지 쉽든지 공부를 열심히 하면 좋은 성적을 받을 수 있을 거예요.

ex A: 메이닝 씨는 정말 성실하지요? 항상 책에서 눈을 안 떼는 것 같아요.
B: 맞아요. 메이닝 씨는 정말 모범생이에요. 교실이 조용하든지 시끄럽든지 관계없이 쉬는 시간에도 항상 공부하더라고요.

ex A: 사오리가 너한테 화가 많이 난 것 같아. 먼저 사과하는 게 어때?
B: 내가 사과를 하든지 말든지 너는 상관하지 않았으면 좋겠어. 그건 우리 둘의 문제니까 우리 둘이 알아서 해결할게.

ex A: 중국의 인기 여배우 웨이 씨가 한국 영화감독하고 가을에 결혼한대.
B: 진짜야? 에이, 거짓말.
A: 뭐, 믿든지 말든지 네 마음대로 해. 나도 메이닝한테 들은 얘기야.

ex A: 엘레나 씨, 이번 주말에 뭐 할 거예요?
B: 밀린 잠을 자든지 보고 싶었던 드라마를 보든지 하려고요.

ex A: 루이 씨, 지난번에 빌렸던 책 반납 기간이 다 되었으니까 읽었든지 못 읽었든지 내일까지 책을 반납해 주세요.
B: 네, 알겠습니다. 내일까지 반납할게요.

ex A: 맞은편에 앉아 있는 아기 엄마 좀 보세요. 아이가 신발을 신고 의자에 올라갔는데도 보고만 있네요.
B: 요즘 주변에 사람이 있든지 없든지 상관없이 자기 아이들만 생각하는 엄마들이 많은 것 같아요.

ex A: 선생님, 이번 학교 축제 때 저희는 무엇을 준비하면 될까요?
B: 노래든지 춤이든지 여러분이 잘할 수 있는 장기를 보여 주면 됩니다.

Focus Plus

- It is wrong to use –겠– with the –든지 –든지.

  ex A: 사오리 씨, 이번 주말에 부모님께서 한국에 오신다면서요? 부모님께서 한국에 오시면 뭐 할 거예요?
  B: 여행을 하려고 해요. 제주도에 가든지 부산에 가든지 할 거예요. (○)
  여행을 하려고 해요. 제주도에 가겠든지 부산에 가겠든지 할 거예요. (×)

- –든지 –든지 can be replaced with –든가 –든가.

  ex A: 이번 시험이 무척 어려울 거라고 하는데 어떻게 하지요? 그 소리를 들으니까 걱정이 돼서 공부에 집중을 할 수가 없네요.
  B: 누가 뭐라고 하든가 말든가는 신경 쓰지 마세요. 사라 씨가 평소에 하던 대로만 공부하면 좋은 결과가 나올 거예요.

  ex A: 호텔 직원한테 물어봤는데 해변에 가려면 자전거로 가든가 호텔 셔틀버스로 가든가 하래요.
  B: 그래요? 그러면 우리는 자전거로 갑시다.

- When –든지 is used with a noun, it becomes a particle representing choice. –든지 can also be used with interrogative words such as 언제, 어디, 누구 or with particles such as 에서, (으)로, 에게 to form a double particle.

  ex A: 박 비서, 출장 준비는 모두 되었나요? 준비된 서류 좀 보여 주세요.
  B: 여기 있습니다. 이 파일 안에 출장 관련 서류가 있으니 보시고 궁금한 것이 있으시면 언제든지 물어보십시오.

  ex A: 지은 씨, 10년 전에 비해 한국에 살고 있는 외국인 수가 눈에 띄게 늘어난 것 같지 않아요?
  B: 정말 그런 것 같아요. 요즘은 어디에서든지 외국인을 쉽게 찾아볼 수 있어요.

  ex A: 사라 씨, 한국에 온 지 얼마 안 돼서 모르는 것이 많지요? 궁금한 것이 있으면 선생님에게든지 반 친구에게든지 물어보세요.
  B: 네, 알겠습니다. 신경 써 주셔서 감사합니다.

Answers

① A: 삼림욕을 할까? 해수욕을 할까?
B: 삼림욕을 하든지 해수욕을 하든지 상관없어. 스트레스만 해소하면 돼.

② A: 휴양지로 갈까? 유적지로 갈까?
B: 휴양지로 가든지 유적지로 가든지 상관없어. 일상에서만 벗어나면 돼.

③ A: 밥을 해 먹을까? 식당에서 사 먹을까?
B: 밥을 해 먹든지 식당에서 사 먹든지 상관없어. 끼니만 해결하면 돼.

④ A: 여행 용품을 시장에서 살까? 백화점에서 살까?
B: 시장에서 사든지 백화점에서 사든지 상관없어. 필요한 물건만 구하면 돼.

Vocabulary & Expression

사람들에게 선망의 대상이 되다	to become the envy of people

This expression means that many people are envious of the person and hope to become like him or her.

ex 깨끗하고 잡티 없는 피부를 가진 배우 손여정은 사람들에게 선망의 대상이 되고 있다.

젊음을 연장하고자 하다	to wish to prolong one's youth

–고자 하다 is used when a speaker has an intention or hope to do a certain action, or wants to pursue a certain state.

ex 사람들은 올바른 식습관과 규칙적인 생활로 젊음을 연장하고자 한다.

ex 우리 회사는 항상 고객의 눈높이에서 서비스를 제공하고자 합니다.

삶의 활력을 갖게 해 준다는 점에서 긍정적이다	It is considered positive in a sense that it helps vitalize life

The speaker is evaluating the subject as desirable in a sense that it gives energy to lead one's life. –ㄴ/는다는 점에서 –(이)다 is used when you describe your own opinion or judgement by limiting the range of evaluation to that of a certain fact or feature.

ex 운동은 기분 전환을 시켜 주고 삶의 활력을 갖게 해 준다는 점에서 긍정적이다.

Reading Guide

This is an article that criticizes the "baby-face craze", which is becoming a social phenomenon. Read carefully and look for the causes of the baby-face craze and the problems that it has caused. (☞『이화 한국어 5』 p.46)

Answers

(1) ④ 예전과는 다르게 동안이 젊어 보이는 외모를 가리킨다고 1단락에 제시했다. 본문에서 동안이 동그랗고 통통한 얼굴이라는 것은 언급하지 않았고 현재 동안이라는 말에는 부정적인 의미가 없다고 기술하고 있다.

(2) ③ 3단락에서 동안 열풍의 원인을 제시하고 있는데 경제적인 여유는 그 원인으로 언급되지 않았다.

(3) ① 네 ② 아니요 ③ 아니요
2단락에서 40대 여자 연예인의 동안 얼굴과 건강미 넘치는 몸매가 많은 사람들에게 선망의 대상이 되고 있다고 언급했다. 또한 동안선발대회에서 1위를 한 남성이 젊어 보여서 화제가 되었다고 기술하고 있다.

(4) 4단락에서 동안 열풍으로 인해 야기되는 문제점을 언급했다.

p.52

Vocabulary Expansion

시계를 고치다 to fix a watch

Here, 고치다 means to fix a broken or malfunctioning object to work again and has the same meaning as 수리하다.

ex 시계를 고치려고 시계방을 찾아 돌아다녔지만 찾을 수 없었다.

ex 휴대 전화를 고치는 비용보다 새로 사는 비용이 더 싸서 휴대 전화를 바꾸었다.

병을 고치다 to cure a disease

Here, 고치다 means to cure the disease and has the same meaning as 치료하다.

ex 요즘 많은 사람들에게 관심을 받고 있는 '음악 치료'는 음악을 통해서 병을 고치는 치료법이다.

ex 식습관으로 관절염을 고칠 수 있는 방법이 소개되어 눈길을 끌고 있다.

습관을 고치다 to correct one's habit

Here, 고치다 means to correct something that is wrong.

ex 잘못된 운전 습관을 고치지 않으면 사고를 피할 수 없을 거예요.

ex 세 살 버릇이 여든까지 간다는 속담이 있듯이 아이의 편식하는 버릇은 어렸을 때 고쳐 주어야 한다.

화장을 고치다 to adjust one's makeup

Here, 고치다 means to change or adjust the shape or content.

ex 화장이 진하게 된 것 같아서 화장을 고치러 잠시 화장실에 다녀왔다.

ex 글을 쓰다가 내용이 주제에 맞지 않는 것 같아서 글의 내용을 고쳤다.

법을 고치다 to revise a law

Here, 고치다 means to change a system or title.

ex 장애인 법을 고친 지 몇 년이 지났지만 장애인의 복지는 크게 나아진 점이 없다.

ex 우리 학교에서는 기숙사 규정을 새로 고쳐서 이번 학기부터 적용하기로 했다.

팔자를 고치다 to fix one's fate of life

Here, 고치다 means to change a situation or circumstance one is in.

ex 10년 전에 헐값에 산 땅이 20배 가까이 올라서 땅 주인이 팔자를 고쳤대요.

ex 복권을 사는 사람들 대부분은 일확천금을 얻어 신세를 고치고 싶어 한다.

p.53

Proverb

병 주고 약 준다

This proverb means that after you cause damage to someone, you pretend to help or care about the person. It metaphorically describes the behavior of a cunning or sly person.

ex 가게 사장이 갑자기 아르바이트 학생에게 내일부터 출근하지 말라고 하고서는 그동안 고생했다며 송별회를 해 주겠다고 했다. 병 주고 약 준다고 하더니 그 말이 딱 맞는 것 같다.

입에 쓴 약이 병에는 좋다

People generally do not enjoy bitter tasting medicine, but they take it in order to cure sickness. Likewise, this proverb suggests that although you may not enjoy accepting advice or criticism, it will do you good in the long run.

ex 운동선수로 성공하기까지 감독님께서 많이 야단을 치셨는데 입에 쓴 약이 병에는 좋다고 그 충고가 오늘의 나를 있게 한 것 같다.

모르면 약이요 아는 게 병이다

Generally, 약 implies good, beneficial effects and 병 implies harmful and bad effects. This proverb suggests that knowing nothing about a situation provides comfort and relaxation, while being aware can make one anxious and worrisome and thus be rather harmful.

ex 모르면 약이요 아는 게 병이라고 지금의 복잡한 상황이 해결된 다음에 부모님께 말씀드리는 것이 좋겠다.

Answers

3. (1) 병 주고 약 준다
   A: 아침에 반찬 투정해서 미안해. 당신이 좋아하는 꽃 사 왔어.
   B: 아침에는 기분을 상하게 하더니 지금은 꽃다발이야? 정말 병 주고 약 주네. 다음부터는 반찬 투정하지 마.

   (2) 모르면 약이요 아는 게 병이다
   A: 사라 씨, 한국에 처음 유학을 왔을 때 어땠어요?
   B: 낯선 곳에서 생활하는 게 정말 쉽지가 않았어요. 많이 힘들었지만 부모님께는 걱정하실까 봐 잘 지낸다고 말했어요.
   A: 잘했어요. 모르면 약이요 아는 게 병이라는 말도 있잖아요. 지금은 이렇게 잘 적응하고 즐겁게 지내고 있으니 다행이에요.

   (3) 입에 쓴 약이 병에는 좋다
   A: 신입 사원일 때 매일 잔소리하던 선배가 정말 미웠는데 지금 생각하니 선배 덕분에 내 부족한 점을 고칠 수 있었던 것 같아.
   B: 입에 쓴 약이 병에는 좋다고 하잖아. 그 충고 덕분에 지금의 네가 있는 거야.

Vocabulary Check

Part 1 준비합시다 01

• 거르다	to skip
• 오염되다	to be contaminated, to be polluted
• 호흡기 질환	respiratory disease
• 자가운전자	owner driver

Part 1 들어 봅시다

• 아토피 피부염	atopic dermatitis
• 탈모	hair loss
• 알레르기성 비염	allergic coryza
• 혈액 순환	blood circulation
• 반신욕	lower-body bathing
• 지장을 주다	to cause inconvenience

Part 1 말해 봅시다

• 다반사	daily event, happens all the time
• 걸핏하면	at the slightest provocation, too often
• 꼬다	to twist, to cross
• 비롯되다	to originate, to result from
• 탈이 나다	to become sick
• 자극적	stimulating, provocative, spicy, pungent
• 끼니	meal, daily meals
• 우습게 여기다	to think little of
• 병을 키우다	to let the disease grow

Part 2 준비합시다 01

• 구두쇠	miser, penny pincher, stingy person
• 천재	genius, prodigy
• 노력파	hardworking person
• 바람둥이	playboy, womanizer, lady-killer
• 술고래	heavy drinker, drunken bum

Part 2 준비합시다 02

• 삼림욕	therapeutic walk in the woods

Part 2 읽어 봅시다

• 열풍	boom, wave, craze
• 개최하다	to hold, to host
• 돋보이다	to stand out, to look better than
• 선망의 대상	object of envy
• 미성숙하다	to be immature, to be unripe
• 지니다	to carry, to have, to bear
• 일컫다	to call, to refer
• 불구하다	to be regardless
• 기울이다	to devote oneself to
• 전유물	exclusive property of, sole domain of
• 고령화	population aging
• 도래	arrival
• 불러일으키다	to stir up, to arouse
• 노년층	the elderly, the elderly population
• 한층	much more, all the more
• 치중하다	to put more emphasis on, to lay more importance on
• 우려	concern, worry

Part 2 써 봅시다

- 급기야　after all, ultimately, at last
- 우울증　depression
- 한 줄기 빛　a streak of light, a silver lining
- 힘겹다　to be beyond one's ability, too much for one to manage
- 만끽하다　to enjoy something to its fullest
- 마음가짐　attitude of mind, determination
- 행복 지수　happiness index

Part 3 토론해 봅시다

- 못지않다　to be not inferior, to be just as good
- 인재　best brains, man of talent, outstanding individual
- 콤플렉스　complex, feeling of inferiority
- 감량　loss of weight
- 자아상　self-image
- 펴내다　to publish
- 척도　measure, barometer, standard
- 만연하다　to be widespread, to be prevalent

Topic Vocabulary

Habit

- 말버릇이 고약하다　to have a foul mouth
- 버릇을 고치다　to get rid of a bad habit, to fix a bad habit
- 버릇이 있다/없다　to have/not have a habit of, to have/not have good manners toward older people
- 세 살 적 버릇이 여든까지 간다　Old habits die hard. What is learned in the cradle is carried to the tomb.

PART1 준비합시다 01 • –기(가) 이를 데 없다

p.56

Grammar Focus

–기(가) 이를 데 없다 indicates that the feelings one has about a certain state or situation are so excessive that words cannot express their degree. It is used with an adjective and 가 can be omitted.

Basic form	–기(가) 이를 데 없다	Basic form	–기(가) 이를 데 없다
기쁘다	기쁘기(가) 이를 데 없다	부끄럽다	부끄럽기(가) 이를 데 없다
억울하다	억울하기(가) 이를 데 없다	아름답다	아름답기(가) 이를 데 없다

ex A: 이번 지진으로 인한 피해가 매우 심각한데요. 현장에 나가 있는 박선우 기자, 나와 주세요.
B: 네, 이곳의 모습은 정말 참담하기가 이를 데 없습니다. 많은 사람들이 고통을 호소하고 있습니다.

ex A: 지난 10여 년간 자원 봉사 활동을 꾸준히 해 오셨다고 들었습니다. 정말 대단하십니다.
B: 아, 쑥스럽기 이를 데 없네요. 저는 그냥 하고 싶은 일을 했을 뿐입니다.

ex A: 젠하오 씨, 잃어버렸다던 휴대 전화는 찾았어요?
B: 네. 다행히 찾았어요. 휴대 전화가 없으니까 정말 답답하기 이를 데 없었어요.

ex A: 영화 〈그 사람〉은 어떤 영화입니까? 소개를 좀 해 주시지요.
B: 이 영화는 한 인간의 잔인하기 이를 데 없는 본성을 보여 주고 있습니다.

Focus Plus

- –기(가) 이를 데 없다 can also be used adverbially in the form 이를 데 없이.

  ex 우리 식당에 오는 손님들의 입맛은 까다롭기 이를 데 없다.
  (= 이를 데 없이 까다롭다)

- 이르다, used in –기(가) 이를 데 없다, is a verb meaning 'to say something'. However, 이르다 can also be used as a verb meaning 'to arrive at a certain place or time' or 'to reach a certain degree or range'. In addition, it can also be used as an adjective meaning 'to be earlier than the designated time'.

  ex 설악산 정상에 이르렀을 때의 그 아름다운 풍경은 아직도 잊지 못하겠다.

  ex 어제 하루 동안 여의도공원은 약 200만 명에 이르는 벚꽃놀이 인파로 북적였다고 한다.

  ex 아직 시간이 일러서 그런지 약속 장소에 온 사람들이 없었다.

Answers

① A: 김 대리가 잘못을 저질러 놓고도 시치미를 뗐대요.
B: 정말 뻔뻔하기 이를 데 없군요.

② A: 회사가 부도나서 많은 사람들이 일자리를 잃었대요.
B: 정말 안타깝기 이를 데 없군요.

③ A: 축구 대표 팀이 월드컵에서 처음으로 우승을 차지했대요.
B: 정말 감격스럽기 이를 데 없군요.

④ A: 나타샤 씨의 딸이 엄마를 위해 직접 카드를 만들어 주었대요.
B: 정말 사랑스럽기 이를 데 없군요.

Vocabulary & Expression

최고로 손꼽히다	to be counted as one of the best

This expression means the subject is evaluated as the best among many. It originates from 손꼽다, which means to count numbers by bending one's fingers one by one. It is also used in the form of N(으)로 손꼽히다.

ex 이 호텔은 아시아에서 최고로 손꼽히는 시설을 자랑한다.

국보로 지정되다	to be designated as a national treasure

This expression indicates that the subject has been designated by the country to be protected by the law and thus has been given the qualifications of a cultural property. The structure N(으)로 지정되다 can be used for national treasures, cultural properties, natural monuments, UNESCO World Heritage Sites, etc.

ex 숭례문은 서울에 있는 사대문 중의 하나로 국보 1호로 지정되어 있다.

ex 천연기념물로 지정된 식물들을 함부로 채취하지 않도록 등산객들을 교육해야 한다.

세계 기록 유산으로 등재되다	to be listed as UNESCO's Memory of the World Register

Memory of the World Register is what UNESCO has designated as a valuable documentary heritage in order to preserve valuable documentary materials that are under the threat of damage or loss. Thus the expression indicates that something has become such documentary heritage.

ex 조선 시대의 역사가 기록된 '조선왕조실록'은 1997년에 유네스코 세계 기록 유산으로 등재되었다.

Listening Guide

A cultural commentator is explaining cultural properties to students. As you listen, try to pay attention to what the commentator says about the characteristics and values of cultural properties. (☞『이화 한국어 5』 Track 18)

Answers

(1) ③ 문화 해설사는 관람객들에게 문화재에 대해 설명하고 있다. '지금 보고 계시는', '좀 더 가까이 오셔서 감상해 보시지요.', '그럼 저쪽으로 이동해서 살펴보도록 하지요.' 등의 표현을 통해 해설사와 관람객들이 박물관 안에서 직접 문화재를 보고 있음을 알 수 있다.

(2) ① 아니요 ② 네 ③ 네
다른 나라에서도 상감 기법을 사용했지만 도자기에 이 기법을 사용하여 무늬를 넣지는 않았다.

(3) 교재 정답 p.202 참고

 p.58

Vocabulary & Expression

뭐니 뭐니 해도	above anything else, when all is said and done

This expression means that even though people might say many things about a certain subject, the following content is the most representative, significant, or typical of all.

ex A: 팥빙수가 정말 시원하네요.
B: 그렇지요? 역시 여름에 더위를 식히기에는 뭐니 뭐니 해도 시원한 팥빙수가 최고예요.

ex 뭐니 뭐니 해도 건강이 가장 중요하다는 것을 잊지 마십시오.

감탄사가 절로 나올 만큼 아름답다	it is so beautiful that you cannot help but burst out words of admiration

This expression indicates that the speaker is so impressed by something he or she is looking at that he or she cannot help but utter exclamations such as '와!' or '우와!'. You can describe a certain situation by using an adjective after –(으)ㄹ 만큼. It is also often used in idiomatic expressions such as **눈을 뗄 수 없을 만큼 아름답다, 숨소리도 들릴 만큼 조용하다, 둘이 먹다가 하나가 죽어도 모를 만큼 맛있다, 셀 수 없을 만큼 많다, 발 디딜 틈도 없을 만큼 복잡하다**, etc.

ex 그곳의 경치는 감탄사가 절로 나올 만큼 아름다워서 관광객들이 끊임없이 가고 있다.

ex 노을이 지는 바다 풍경은 눈을 뗄 수 없을 만큼 아름다웠다.

ex 숨소리도 들릴 만큼 조용했던 집안 분위기는 아기가 태어난 이후 바뀌기 시작했다.

ex 가수 김민호의 사인회에 셀 수 없을 만큼 많은 사람들이 모였다.

아무쪼록 꼭 방문해 보시기 바라다	I hope you make sure to visit there

아무쪼록 is used to make an earnest request or to ask a favor of someone to do something, its literal meaning being 'as much as possible'. It can be used with **–기 바라다, –기 빌다**, etc.

ex 경주는 역사적인 도시이니 한국에 오시면 아무쪼록 꼭 방문해 보시기 바랍니다.

ex A: 우리 이번 사업에서 함께 좋은 결과를 만들어 봅시다. 잘 부탁합니다.
B: 아무쪼록 저도 잘 부탁드립니다.

ex 새해에는 아무쪼록 하시는 일이 모두 잘되기 바랍니다.

Grammar Focus

–(으)랴 –(으)랴 is used to list several activities and indicate that the speaker is struggling to do them all at once. Since it is usually used in very busy and hectic situations, expressions such as 바쁘다, 정신없다, 분주하다, 여유가 없다, 시간이 없다 are often used with it. It is used with a verb.

Basic form	–(으)랴 –(으)랴
배우다 / 가르치다	배우랴 가르치랴
보다 / 듣다	보랴 들으랴
알리다 / 팔다	알리랴 팔랴
읽다 / 적다	읽으랴 적으랴

ex A: 메이닝 씨, 이번 토요일에 이사한다고 했었지요?
B: 네. 그래서 요즘 짐 싸랴 필요 없는 물건 버리랴 하루 종일 바빠요.

ex A: 아까 내가 보낸 문자 받았어? 답장이 없어서 궁금했잖아.
B: 아, 미안해. 업무 처리하랴 보고서 쓰랴 너무 정신없어서 네 문자에 답할 틈이 없었어.

ex A: 이주현 씨, 현재 최고의 인기를 누리고 있는데 이번에는 뮤지컬에 도전하셨다고요. 준비는 잘하고 계신가요?
B: 요즘 노래 연습하랴 춤 연습하랴 하루 24시간이 부족합니다. 그래도 좋은 작품으로 여러분을 찾아뵐 생각을 하면 힘이 납니다.

ex A: 지은 씨, 직장 생활을 하면서 야간에는 대학원까지 다닌다면서요? 바쁘겠어요.
B: 말도 마세요. 낮에는 일하랴 밤에는 공부하랴 정말 몸이 두 개라도 모자랄 지경이에요.

ex A: 엘레나 씨, 오랜만이에요. 그동안 어떻게 지냈어요?
B: 우리 아이가 올해 학교에 들어갔잖아요. 그래서 아이 챙기랴 집안일 하랴 정말 바빴어요.

ex A: 아주머니, 요즘 식당이 잘되는 것 같아요. 손님이 많네요.
B: 네, 손님이 많이 몰리는 시간에는 주문 받으랴 상 차리랴 숨 돌릴 사이도 없어요.

ex A: 어머니, 평소에 연락을 자주 못 드려서 죄송합니다.
B: 죄송하기는. 평일에는 가족들을 위해 돈 벌랴 주말에는 애들하고 놀아 주랴 오죽 바쁘겠니. 잘 지내고 있다니 다행이다.

ex A: 요즘 대학생들은 방학 동안에도 쉴 틈이 없다고 하지요?
B: 그렇습니다. 취업하기가 힘들다 보니까 대다수 학생들이 방학에도 외국어를 배우랴 인턴 경력을 쌓으랴 방학을 즐길 겨를이 없다고 합니다.

Focus Plus

- If –(으)랴 is placed at the end of a sentence, it becomes an interrogative ending. However, such sentences are rhetorical questions, referring to situations that cannot be true based on the circumstances. It is used only to friends or younger people. It is also often used in proverbs or idiomatic expressions.

  ex 그날의 아픔을 어찌 잊으랴.

  ex '공든 탑이 무너지랴.'라는 속담처럼 최선의 노력을 다한 일은 그 결과가 헛되지 않습니다.

- –(으)랴 can also be placed at the end of a sentence to ask of the opinion of friends or younger people regarding actions that the speaker could potentially do. Depending on the situation, this could either indirectly show the speaker's intention to do the action or imply that the speaker does not intend to do it.

  ex A: 네가 바쁘면 내가 그 일을 대신 해 주랴?
  B: 와! 선배님께서 해 주시면 정말 감사하지요. 제가 이 은혜는 꼭 잊지 않겠습니다.

  ex A: 네가 해야 할 일을 일일이 다 알려 주랴? 그냥 좀 알아서 해.
  B: 알겠습니다.

- Another grammatical phrase using the form of –(으)랴 is –(으)랴마는. –(으)랴마는 is a form where an auxiliary 마는 is added to –(으)랴. It indicates that whereas what is said in the previous clause is valid, it does not influence what is said in the following clause. It is attached to both an adjective and verb and can be shortened to –(으)랴만.

  ex A: 댁의 아드님은 똑똑하고 능력도 있어서 아드님 걱정은 안 되시겠어요.
  B: 그렇지도 않아요. 아들이 자기 앞길은 자기가 알아서 잘 찾으랴마는 부모 된 입장에서는 걱정을 안 할 수가 없네요.

  ex 좋은 결과를 얻고 싶지 않은 사람이 어디 있으랴마는 그는 지나치게 결과에 신경을 쓴다.

Answers

한국에 온 게 엊그제 같은데 벌써 1년이 지나갔다. 처음 한국에 왔을 때만 해도 한국어에 별로 능숙하지 못해서 한국어를 익히랴 낯선 문화에 적응하랴 몹시 애를 먹었다. 또한 전공 관련 수업을 들으랴 유적지를 찾아다니랴 눈코 뜰 새 없이 바빴다. 한국에서 지내면서 가장 기억에 남는 것은 경주 방문이었다. 경주에서 신라의 역사를 설명해 주는 해설사의 말에 귀를 기울이랴 그 역사의 흔적들을 카메라에 담으랴 정신이 없어서 일행을 놓치기도 했다. 다음 주가 되면 고향으로 돌아가는데 눈 깜짝할 사이에 지나가 버린 한국에서의 1년이 너무나도 그리울 것 같다.

Grammar Focus

−(으)ㅁ으로써 is used to show a method, means, or tool of a certain action and is the combined form of the nominalizing ending −(으)ㅁ and the particle (으)로써. It is used with a verb. The particle (으)로써 can be used right behind a noun.

Basic form	−(으)ㅁ으로써	Basic form	−(으)ㅁ으로써
지키다	지킴으로써	받다	받음으로써
실천하다	실천함으로써	만들다	만듦으로써

ex A: 갈등을 겪고 있는 부부들에게 가장 중요한 것은 무엇일까요?
B: 그것은 바로 대화입니다. 부부 사이에 갈등이 생겼을 때에는 충분히 대화하는 시간을 가짐으로써 문제를 해결할 수 있습니다.

ex A: 감독님께서는 이 영화를 통해 어떤 이야기를 하고 싶으셨습니까?
B: 영화에서 주인공이 권력에 대한 욕심을 버림으로써 행복을 되찾게 됩니다. 저는 이런 내용을 통해 진정한 행복이란 무엇인지 알리고 싶었습니다.

ex A: 사장님, 회사를 성공적으로 경영해 오신 비결이 있으신가요?
B: 회사 직원들에게 칭찬과 격려를 해 줌으로써 그들이 자신감을 가질 수 있게 한 것이 비결이라면 비결이지요.

ex A: 사회생활을 하다 보면 상황에 따라 격식을 차리는 일이 중요할 것 같은데요. 어떻게 하면 예의를 갖출 수 있을까요?
B: 기본적으로 상황에 맞는 인사말을 하고 때와 장소에 맞게 옷을 입음으로써 예의를 갖출 수 있습니다.

ex A: 저는 청소년 시절에 잠시 방황하기도 했었지만 제 자신의 정체성을 찾음으로써 살아갈 이유를 발견할 수 있었습니다. 여러분도 자신의 삶을 위해 고민하는 시간을 아까워하지 마세요.
B: 선생님도 그런 경험을 하셨다니 지금 이 방송을 보고 있는 청소년들에게 많은 도움이 될 것 같습니다.

ex A: 이번 진로 진학 설명회는 학생들에게 많은 도움이 될 것 같습니다.
B: 맞습니다. 학생들이 여러 분야에서 성공한 선배들의 이야기를 직접 들음으로써 자신의 진로에 대해서 구체적으로 생각해 볼 수 있을 겁니다.

ex A: 역사를 살펴보면 사회적으로는 부와 명예를 얻었음에도 불구하고 개인적으로는 불행한 삶을 살았던 사람들이 있는 것 같아요.
B: 맞아요. 그 사람들은 물질로써 자신의 공허함을 채우려 했기 때문에 진정한 만족이 없었던 거겠지요.

ex 그는 자신의 부족한 능력을 꾸준한 노력으로써 극복했다.

Focus Plus

- –(으)ㅁ으로써 can be replaced with –(으)ㅁ으로.

  ex 그는 어려운 환경 속에서도 훌륭한 의사가 되겠다는 의지를 버리지 않음으로써 많은 사람들에게 존경받는 의사가 되었다. (= 않음으로)

- Besides indicating a method, means, or tool of an action, the particle (으)로써 can also indicate the material or substance of a certain object. Also, when used behind a noun representing time, it can indicate a limitation or range of time. It can also be used in the form of (으)로, omitting 써.

  ex A: 한국 전통 집인 한옥의 특징은 무엇입니까?
  B: 한옥은 흙과 나무로(써) 만들어졌기 때문에 여름에는 시원하고 겨울에는 따뜻한 특징을 가지고 있습니다.

  ex 여러분, 오늘로(써) 일주일 동안 계속되었던 축제가 막을 내리게 되었습니다. 아쉽지만 올해의 축제는 이렇게 마무리해야겠네요. 지금까지 함께 해 주셔서 고맙습니다.

- There is another particle, (으)로서, that looks similar to (으)로써. However, (으)로서 indicates qualification, status, or social position.

  ex A: 민우 씨, 부모님께 효도하는 효자라고 소문이 났던데요?
  B: 아니에요. 저는 자식으로서 당연히 해야 할 일을 할 뿐입니다.

  ex A: 교수님, 소설가 박경리 선생님에 대해 좀 소개해 주시겠습니까?
  B: 네, 모두 알고 계시듯이 박 선생님은 한국의 대표적인 소설가로서 『토지』라는 소설을 쓰신 분이시지요.

Answers

① **A: 박사님, 원만한 인간관계를 유지하려면 어떻게 해야 할까요?**
B: 상대방을 먼저 배려함으로써 원만한 인간관계를 맺을 수 있습니다.

② **A: 박사님, 심각한 실업 문제를 해결하려면 어떻게 해야 할까요?**
B: 다양한 일자리를 마련함으로써 실업 문제를 해결할 수 있습니다.

③ **A: 박사님, 불우한 이웃에게 희망을 주려면 어떻게 해야 할까요?**
B: 작은 관심과 사랑을 베풂으로써 불우한 이웃에게 희망을 줄 수 있습니다.

④ **A: 박사님, 교통사고의 피해를 최소화하려면 어떻게 해야 할까요?**
B: 안전벨트 착용을 생활화함으로써 교통사고의 피해를 최소화할 수 있습니다.

Vocabulary & Expression

수천 년에 걸치다 | **to range over thousands of years**

걸치다 indicates that an event has taken place over a certain range of time or space as in 수천 년에 걸쳐, which means that something has continuously happened over a period of thousands of years. Generally it is used in the form of N에 걸쳐(서), or N에 걸친.

ex 이 동굴은 수천 년에 걸쳐서 형성된 자연의 작품이다.

반만년 전으로 거슬러 올라가다 | **to trace back to 5,000 years ago**

거스르다 indicates taking a stance that goes against the flow or situation that is progressing. This expression means going back to 5,000 years ago in the past. -로 거슬러 올라가다 is usually used with a noun that represents time.

ex 한국의 역사는 반만년 전으로 거슬러 올라가서 시작된다.

예나 지금이나 | **in all eras**

This expression means a situation or characteristic is the same from the past to present. It is used in the form of N(이)나 N(이)나 with expressions such as 같다, 마찬가지이다, 변함없다, 동일하다, 다르지 않다, etc.

ex 10년 만에 만난 자리에서 느낀 그의 성격은 예나 지금이나 같았다.

ex 다른 사람에게 인정을 받고 싶은 마음은 어른이나 아이나 동일하게 갖고 있을 것이다.

Reading Guide

This article explains how books have changed over the ages. Read carefully and look for the different materials used to make books over the ages and the characteristics of those materials. (☞『이화 한국어 5』 p.64)

Answers

(1) ④ 이 글은 연대순으로 책의 변화에 대해 설명하는 글이다.

(2) ③ 전자책은 21세기에 보편화되었고 최초의 책은 반만년, 즉 5,000년 전에 만들어졌다. 그리고 기원전 200년경의 책인 양피지 책은 흔하지 않아서 신분이 높은 귀족이나 성직자들만 구할 수 있었다.

(3) ① 아니요 ② 네 ③ 아니요
이집트의 파피루스는 나일 강 유역에서 흔히 볼 수 있는 풀로 만들어졌고 1세기 무렵 종이가 등장하면서 파피루스, 양피지 등의 책은 점차 사라지게 되었다.

(4) 교재 정답 p.202 참고

Vocabulary Expansion

옷깃을 세우다 to pull up the collar

Here, 세우다 means to pull up straight.

ex 오늘 오후부터 갑자기 날씨가 쌀쌀해져서 그런지 옷깃을 세우고 길을 걷는 사람들이 눈에 띈다.

ex 고양이는 꼬리를 세운 채 경계의 눈빛으로 나를 바라봤다.

학교를 세우다 to found a school

Here, 세우다 means to erect a country, institute, or a building.

ex 그는 교육의 혜택을 받지 못하는 농촌 아이들을 위해 학교를 세웠다.

ex 기록에 의하면 기원전 2333년에 단군이 한국 최초의 국가인 고조선을 세웠다고 한다.

목표를 세우다 to set a goal

Here, 세우다 means to establish a plan or resolution.

ex 사람들은 1월에 한 해 동안 이루고 싶은 일에 대한 목표를 세운다.

ex 미리 계획을 세워 놓지 않으면 여행지에서 시간을 낭비하게 돼요.

이론을 세우다 to formulate a theory

Here, 세우다 means to present something based on a logical system.

ex 아인슈타인은 물리학에서 '상대성 이론'이라는 이론을 세웠다.

ex 실험 연구를 할 때는 먼저 가설을 세운 후에 그것을 검증하는 절차를 거쳐야 한다.

업적을 세우다 to accomplish achievements

Here, 세우다 means to achieve a great success and accomplishments.

ex 우리 학교 출신 중에는 사회 각 분야에서 큰 업적을 세운 분들이 많습니다.

ex 그는 이번 올림픽에서 세계 신기록을 세우며 금메달을 목에 걸었다.

자존심을 세우다 to bolster one's ego

Here, 세우다 means to keep one's reputation or to save face.

ex 지금은 두 사람이 자존심을 세우지 말고 서로 사과해야 할 때이다.

ex 그는 선배로서 체면을 세우려고 후배들에게 밥을 사 주었다.

p.71

Proverb

공든 탑이 무너지랴

Just as a laboriously built tower will not collapse easily, anything that you put effort into will not be meaningless. As such, this proverb means that whenever you do your best, you will not fail. Therefore, when you put your mind to something, you should try your hardest and your efforts will not be in vain.

ex 공든 탑이 무너지랴는 속담이 있듯이 최선을 다한 일은 실패할 리가 없다.

벼는 익을수록 고개를 숙인다

When it's time to harvest rice, the heads of the rice plant become heavier and bend down, making the plants look as if they are bowing their heads down. Likewise, the more mature and well-educated a person is, the more likely the person would be humble and modest. The proverb indicates the importance of being humble.

ex 우리 학교 박재현 교수는 학문적으로 많은 업적을 남겼는데도 항상 겸손하시다. 그분을 보면 벼는 익을수록 고개를 숙인다는 말이 떠오른다.

될성부른 나무는 떡잎부터 알아본다

Great trees look different even at an early age when they are only sprouts. Likewise, a person who is going to achieve a great things in life is different even in childhood. This proverb is used to talk about a child or person with unusually great talent.

ex 될성부른 나무는 떡잎부터 알아본다더니 축구 선수 김재성은 어릴 때부터 축구 실력이 다른 아이들보다 뛰어났다고 한다.

Answers

3. (1) 될성부른 나무는 떡잎부터 알아본다
   A: 너 준수 알지? 걔가 어렸을 때 역사에 관심이 많았잖아. 그래서 그런지 우리 나이에 벌써 사학과 교수가 되었대.
   B: 정말? 될성부른 나무는 떡잎부터 알아본다는 말이 맞구나. 옛날에도 준수는 역사책만 읽고 역사에 대해서는 모르는 게 없었잖아.

   (2) 공든 탑이 무너지랴
   A: 마이클 씨, 그동안 개발한 자동차를 이제 곧 판매한다면서요?
   B: 네. 그런데 자동차에 대한 반응이 괜찮을지 좀 걱정돼요.
   A: 걱정하지 마세요. 3년간 열심히 연구했는데 공든 탑이 무너지겠어요?

   (3) 벼는 익을수록 고개를 숙인다
   A: 민우 씨는 외모, 학벌, 집안, 게다가 성품까지 정말 훌륭하지 않아요? 그런데도 잘난 척도 안 하고 정말 겸손해요.
   B: 그러게요. 벼는 익을수록 고개를 숙인다더니 민우 씨가 바로 그런 사람인 것 같아요.

Vocabulary Check

Part 1 준비합시다 01

- 조화 harmony
- 싱싱하다 to be fresh
- 훼손되다 to be damaged, to be defamed
- 한심하다 to be pitiful, to be pathetic
- 뻔뻔하다 to be brazen-faced, to be shameless
- 부도나다 to go bankrupt
- 안타깝다 to feel pity for

Part 1 들어 봅시다

- 학 crane
- 새기다 to carve
- 청자 celadon porcelain
- 창제 invention, creation
- 원리 principle
- 상감 기법 inlaying technique
- 독창적 original, creative
- 지정되다 to be designated

Part 1 말해 봅시다

- 원형 original form
- 왕실 royal family
- 행하다 to act
- 그지없다 to be limitless, to be beyond expression
- 감탄사 exclamation
- 절로 automatically, of itself
- 건축 양식 style of architecture
- 수려하다 to be beautiful, to be graceful
- 등재되다 to be listed on the record when all
- 뭐니 뭐니 해도 above anything else, after all
- 정자 pavilion
- 연못 pond
- 한 폭의 그림 같다 to look like a perfect picture
- 아무쪼록 as much as possible, kindly, please

Part 2 준비합시다 01

- 받아 적다 to write down, to jot down
- 분주하다 to be busy, to be in a hurry
- 몹시 greatly, terribly, deeply
- 애를 먹다 to struggle, to go through a lot of trouble
- 흔적 traces, marks
- 일행 company

Part 2 준비합시다 02

- 후손 descendent
- 물려주다 to turn over, to hand over, to leave
- 희생하다 to sacrifice
- 위기 crisis, emergency
- 불우하다 to be unfortunate, to be ill-fated
- 베풀다 to give favors to, to give with a generous heart

Part 2 읽어 봅시다

- 양피지 sheepskin, parchment
- 새끼 양 lamb
- 유역 valley, basin
- 변모하다 to be transformed
- 거스르다 to go against, to defy
- 귀족 noble, aristocrat
- 성직자 clergyman

- 소유하다 to possess
- 귀하다 to be noble, to be valuable, to be rare
- 등장하다 to show up, to appear on stage
- 결합 combination
- 급속하다 to be rapid, to be speedy
- 보급되다 to be spread, to be distributed
- 성장 growth, progress
- 가속화하다 to accelerate, to speed up
- 전반 the whole
- 혁명 revolution
- 지혜 wisdom
- 거듭하다 to repeat, to do again

Part 2 써 봅시다

- 현존하다 to be existing, to be present, to be now living
- 최고 the best, supreme, highest
- 금속 활자 metal blocks, metal printing type
- 인쇄본 printed book
- 공개되다 to be open to the public
- 성서 the Bible, the Scriptures

Part 3 토의해 봅시다

- 업적 achievements
- 유태인 Jewish person, Jew
- 물리학 physics
- 암기하다 to memorize, to learn by heart
- 호기심 curiosity
- 탐구하다 to do research on, to look into
- 몰두하다 to be absorbed in, to busy oneself in
- 중력 gravity
- 이론 theory
- 기여하다 to contribute to
- 신앙심 religious belief, religious faith
- 빈민가 slum
- 열악하다 to be deteriorated, to be inferior
- 헌신하다 to devote oneself to
- 초월하다 to rise above, to go beyond, to transcend
- 평생을 바치다 to devote one's whole life to
- 공로 contribution, credit

Topic Vocabulary

History

- 뿌리 깊은 역사 deep-rooted history
- 역사가 흐르다 history flows
- 역사에 발자취를 남기다 to leave footprints on history
- 역사의 한 페이지를 장식하다 to set a new milestone in history
- 한 획을 긋다 to draw a stroke, to mark a new era

PART1 준비합시다 01 • -ㄴ/는다고 하더라도

p.74

Grammar Focus

-ㄴ/는다고 하더라도 indicates that even if a certain situation is assumed, it does not affect or matter to the subject at hand. Usually, the preceding clause is either a negative situation or has a low possibility of realization. The following clause takes place regardless of the content of the previous clause. -다고 하더라도 is used for adjectives and 있다/없다, -ㄴ/는다고 하더라도 is used for verbs, and (이)라고 하더라도 is used for nouns.

Basic form	-ㄴ/는다고 하더라도	-았/었다고 하더라도
바쁘다	바쁘다고 하더라도	바빴다고 하더라도
맑다	맑다고 하더라도	맑았다고 하더라도
있다	있다고 하더라도	있었다고 하더라도
개발되다	개발된다고 하더라도	개발되었다고 하더라도
받다	받는다고 하더라도	받았다고 하더라도
살다	산다고 하더라도	살았다고 하더라도
농담이다	농담이라고 하더라도	농담이었다고 하더라도

ex A: 사오리 씨, 오늘 아침 뉴스 봤어요? 몸속의 산소가 부족하면 암 발생 확률이 높아진다는 연구 결과가 발표됐대요.
B: 저도 그 뉴스 봤어요. 그런데 몸속 산소가 부족하다고 하더라도 반드시 암에 걸리는 것은 아니라고 하던데요.

ex A: 민우 씨는 계획한 것은 꼭 실천에 옮기는 사람 같아요.
B: 맞아요. 제 생각도 그래요. 민우 씨는 내일 지구가 멸망한다고 하더라도 계획한 일을 모두 할 사람이에요.

ex A: 그 소식 들었어? 정부가 일자리를 늘리겠다고 발표했대.
B: 응. 그 이야기 나도 들었어. 그런데 앞으로 일자리를 늘린다고 하더라도 그 일자리가 아주 많아지지 않는다면 취업난은 계속될 거야.

ex A: 이번 신약 개발에 성공하면 많은 환자들이 새 생명을 얻을 수 있겠어요. 그렇게 되면 병으로 고통 받는 사람들이 줄겠지요?
B: 신약이 개발된다고 하더라도 모든 병에 효과가 있는 것은 아닐 거예요. 개발된 후에도 부작용이 있는지 없는지도 실험해 봐야 하고요.

ex A: 어제 내 친구가 외계인을 봤대.
B: 뭐? 나보고 그걸 믿으라는 소리야? 네가 직접 봤다고 하더라도 내 눈으로 보지 않으면 절대 믿지 않을 거야.

ex A: 교수님, 법이란 무엇인가요?
B: 법은 모든 국민이 반드시 지켜야 하는 것입니다. 아무리 대통령이라고 하더라도 예외는 없습니다.

Focus Plus

- Besides being used for hypothetic situations, -ㄴ/는다고 하더라도 can also be used to indicate a concession. Adding adverbs such as 아무리 or 비록 further emphasizes its meaning.

  ex A: 교통사고 뺑소니 운전자가 어제 경찰서에 직접 찾아가서 자수하고 피해자 가족들에게 사과를 했대요.
  B: 그 사람이 아무리 잘못을 뉘우치고 사과를 했다고 하더라도 피해자 가족들이 가해자를 용서하기는 힘들 거예요.

  ex A: 이번에도 원하는 대학교에 합격하지 못했어요. 아무래도 대학 입학을 포기해야 할 것 같아요.
  B: 엘레나 씨, 아무리 힘들다고 하더라도 결심한 일은 끝까지 포기하지 마세요.

  ex A: 여러분! 비록 방학이라고 하더라도 한국어능력시험이 얼마 남지 않았으니 매일 규칙적으로 공부하시기를 바랍니다.
  B: 네, 알겠습니다. 방학 동안 한국어능력시험 공부도 하고 그동안 배웠던 문법과 어휘도 복습하겠습니다.

- The meaning remains similar even when you use -ㄴ/는다고 해도 instead of -ㄴ/는다고 하더라도. However, -ㄴ/는다고 하더라도 has a stronger meaning than -ㄴ/는다고 해도.

  ex 사업에 실패한다고 해도 좌절하지 않고 오뚝이처럼 일어나서 다시 시작해야 한다.

Answers

① A: 인간 복제가 가능해질지도 모른대요.
B: 정말요? 그렇지만 기술적으로 가능하다고 하더라도 윤리적인 문제가 있어서 실현되기는 어려울 것 같아요.

② A: 식사를 대신할 알약이 나올지도 모른대요.
B: 정말요? 그렇지만 개발에 성공을 거둔다고 하더라도 음식 소비량이 줄지는 않을 것 같아요.

③ A: 친구 역할을 하는 로봇이 출시될지도 모른대요.
B: 정말요? 그렇지만 친구 로봇이 시판된다고 하더라도 로봇과 진정한 친구가 될 수는 없을 것 같아요.

④ A: 외국어를 통역해 주는 기계가 개발될지도 모른대요.
B: 정말요? 그렇지만 동시통역 기계가 발명된다고 하더라도 사람처럼 정확하지는 않을 것 같아요.

Vocabulary & Expression

밀접한 관계를 맺고 있다	to maintain a close relationship with

This expression means that a certain thing is closely related to something else.

ex 언어와 문화는 서로 밀접한 관계를 맺고 있다.

ex 음식이 건강과 밀접한 관계를 맺고 있는 만큼 올바른 식습관을 기르는 것이 중요하다.

이를테면	so to speak, for example

이를테면 means to give an example.

ex A: 선배, 한국 회사에 취직하고 싶은데 뭘 준비하면 취업에 도움이 될까요? 이를테면 한국어능력 시험을 봐 둔다거나 인턴으로 일한다거나 그런 거 있잖아요.
B: 그것도 좋지만 네 전공과 관련 있는 자격증을 따두는 것도 도움이 될 것 같아.

ex A: 메이닝 씨, 이상형이 어떻게 되나요? 사람을 볼 때 어떤 점을 가장 중요하게 생각해요?
B: 외모는 중요하지 않아요. 겉으로 보이지 않는 것, 이를테면 성격 같은 것을 보는 편이에요.

기초 과학의 중요성이 실추되다	The importance of basic science is being neglected

실추되다 means that the honor or prestige of the subject has fallen or been lost. Therefore, 기초 과학의 중요성이 실추되다 indicates that people no longer consider basic sciences such as math, chemistry, physics, etc. as important as before. 실추되다 usually is used with nouns such as 명예, 이미지, 지위, and 위상.

ex 기초 과학의 중요성이 실추되고 있는 지금, 정부는 과학의 발전을 위해 대책을 마련해야 할 것이다.

ex 경찰은 실추된 명예를 반드시 회복하겠다고 밝혔다.

Listening Guide

A reporter is making a news report on a science related exhibition. Listen carefully for the purpose of planning the exhibition and its details. (☞『이화 한국어 5』 Track 26)

Answers

(1) ③ 기자는 과학 원리들이 생활 속에 어떻게 적용되어 있는지를 알려 주고 있다.

(2) ④ '생활 속의 과학 특별전'은 기초 과학에 대한 관심과 흥미를 불러일으키기 위해서 기획되었다고 했다.

(3) ① 아니요 ② 네 ③ 아니요
기자는 전시회에서 전자 제품과 도시 속에 숨어 있는 과학의 원리를 살펴볼 수 있고 관람객들이 직접 체험을 통해 과학의 원리를 배울 수 있다고 보도했다.

Vocabulary & Expression

왠지 모르게	somehow, for some reason

왠지 indicates not having an apparent reason. So 왠지 모르게 means not being certain about the reason. Here, 왠지 is short for 왜인지, and therefore you should not make the mistake of using the wrong form 웬지.

ex A: 어제 꾼 기분 나쁜 꿈 때문에 왠지 모르게 불길한 예감이 들어.
B: 너무 신경 쓰지 마. 꿈이 모두 맞는 건 아니잖아.

ex 하루 종일 날씨가 후텁지근해서 그런지 왠지 모르게 짜증이 났다.

불편한 점이 한둘이 아니다	There are more than a few inconveniences

한둘 means about one or two, so 불편한 점이 한둘이 아니다 indicates there are quite a few inconveniences, not just one or two.

ex A: 시력이 좋지 않으면 불편한 점이 한둘이 아닐 것 같아.
B: 맞아. 그래서 요즘 시력 교정 수술을 받는 사람들이 늘고 있대.

ex 매일 휴대 전화를 붙들고 게임만 하는 자녀들 때문에 골머리를 앓고 있는 부모들이 한둘이 아니다.

이메일을 보내면 되지 뭐	You can simply send an email though

In this sentence, 뭐 is an interjection meaning that you give up on a certain fact and there is no need to continue talking about or dwelling on the matter. Therefore, 이메일을 보내면 되지 뭐 indicates that even though email might not be the most efficient method, it will suffice.

ex A: 메이닝, 휴대 전화를 잃어버렸다면서? 부모님께는 어떻게 연락할 거야?
B: 휴대 전화를 새로 사기 전까지는 이메일을 보내면 되지 뭐.

ex A: 회사에서 갑자기 연락이 와서 가야 할 것 같아. 정말 미안해.
B: 만나자마자 간다니 섭섭하지만 어쩔 수 없지 뭐. 다음에 또 만나자.

ex A: 마트에 귤이 없고 오렌지밖에 없어서 오렌지로 사왔어. 괜찮지?
B: 난 귤을 더 좋아하기는 하지만 사 왔으니까 할 수 없지 뭐.

Grammar Focus

-아/어 내다 indicates that after overcoming a difficulty or problem, you have finally achieved or completed a certain thing. It is usually used with verbs that have meanings of completion or those that imply overcoming difficulties such as 참다, 견디다, 이기다, 이루다, 만들다, etc.

Basic form	-아/어 내다	Basic form	-아/어 내다
견디다	견뎌 내다	참다	참아 내다
발명하다	발명해 내다	만들다	만들어 내다

ex A: 사라 씨, 제일 존경하는 사람이 누구예요?
B: 헬렌 켈러(Helen Keller)요. 장애와 고통을 극복해 내고 시청각 장애인으로는 세계 최초로 대학 교육을 받은 사람이잖아요.

ex A: 요즘 한국 축구가 눈에 띄게 발전한 것 같아요. 해외로 진출하는 선수들도 많아졌고요.
B: 그동안 당장 눈앞의 성적보다는 미래를 생각하며 시간과 돈을 투자했기 때문에 실력 있는 선수들을 길러 낼 수 있었던 거래요.

ex A: 김동건 씨, 수술은 잘 되었나요? 그동안 많이 걱정하고 소식을 궁금해했던 팬들에게 한 말씀 해 주시지요.
B: 수술은 잘 되었습니다. 여러분의 응원 덕분에 힘든 시간을 잘 참아 낼 수 있었고 많이 회복되었습니다.

ex A: 작년에 있었던 비행기 추락 사고 유가족들이 오랜 법정 싸움 끝에 결국 손해 배상금을 받아 냈대요.
B: 고생을 많이 했는데 이겼다니 다행이네요.

ex A: 김 기자, 영국의 축구팀에서 활약하고 있는 박지호 선수가 오늘도 팀을 승리로 이끌었다면서요? 소식 전해 주시지요.
B: 네. 박지호 선수는 경기 종료 2분을 남기고 상대팀 선수가 찬 공을 온몸으로 막아서 승리를 지켜 냈습니다.

ex A: 지금부터 각자 하나씩 아이디어를 생각해서 오늘 안으로 보고서를 끝내도록 합시다.
B: 부장님, 그건 좀 불가능할 것 같습니다. 아이디어를 지금 당장 생각해 낸다고 해도 보고서를 작성하려면 하루 이상 걸릴 것 같습니다.

ex A: 계속 사업에 실패하다 보니 제가 과연 성공할 수 있을까 의심이 들어요. 자신감도 점점 없어지고요.
B: 아무리 힘들어도 끝까지 견뎌 내면 반드시 좋은 결과를 얻을 수 있을 거예요. 끝까지 힘을 내세요.

ex A: 동창회장님, 이번 바자회의 수익금은 어디에 사용되는지 설명해 주시지요.
B: 모두 독거노인들을 위해 사용될 예정입니다. 소외된 어르신들이 추운 겨울을 잘 이겨 낼 수 있도록 여러분의 따뜻한 마음을 나누어 주셨으면 합니다.

Focus Plus

- Verbs such as 밝혀내다, 알아내다, 찾아내다, and 해내다 are used as one word and therefore do not have spaces in them.

  ex A: 지은 씨가 이번 일을 잘할 수 있을까요?
  B: 그럼요. 지은 씨는 맡은 일을 완벽하게 다 해내는 사람이니까 이번 일도 믿고 맡겨도 될 거예요.

  ex A: 이소라 기자, 한국대학교 의과대학 연구팀이 인간의 노화를 늦출 수 있는 방법을 찾았다면서요?
  B: 네. 10년에 걸쳐 연구에 매진한 결과 드디어 인간의 노화를 늦추는 유전자 정보를 찾아냈다고 합니다.

  ex A: 와! 정말 맛있네요. 어떻게 이렇게 깊은 맛을 낼 수 있는 걸까요?
  B: 많은 사람들이 이 음식 맛의 비법을 알아내려고 노력했지만 사장님이 아무한테도 알려주지 않으신대요.

- Using –아/어 내다 and –(으)ㄴ 끝에 (See 『이화 한국어 4』 Chapter 4, p.76) together can further emphasize the meaning that a certain result has been achieved after a long and difficult process.

  ex A: 박사님, 아주 좋은 소식이 있다고 들었는데요.
  B: 네, 좋은 소식이 있습니다. 우리 연구팀이 수년간 연구하고 실패를 거듭한 끝에 한국어를 10개 국어로 거의 완벽하게 통역해 주는 프로그램을 개발해 냈습니다.

  ex 에디슨은 여러 번의 시행착오를 거쳐 열심히 실험한 끝에 마침내 전구를 발명해 냈다.

Answers

① A: 최근 혁신적인 제품을 만드셨다고 들었습니다.
B: 네. 밤낮으로 연구한 끝에 혁신적인 제품을 만들어 냈습니다.

② A: 이번 올림픽에서 금메달을 따셨다고 들었습니다.
B: 네. 4년간 피땀 흘려 훈련한 끝에 금메달을 따 냈습니다.

③ A: 드디어 범인을 찾았다고 들었습니다.
B: 네. 사건을 오랫동안 수사한 끝에 범인이 누구인지 밝혀냈습니다.

④ A: 최근에 소중한 생명을 구하셨다고 들었습니다.
B: 네. 사고 현장에서 며칠간 수색 작업을 벌인 끝에 소중한 생명을 구해 냈습니다.

Grammar Focus

-게끔 indicates that the preceding clause shows the purpose, consequence, method, or degree of the action in the following clause. -게끔 emphasizes its meaning more than -게 and is attached to a verb.

Basic form	-게끔	Basic form	-게끔
오다	오게끔	풀다	풀게끔
회복하다	회복하게끔	있다	있게끔

ex A: 이 건물의 특징이 무엇인지 설명해 주시겠습니까?
B: 이 건물의 가장 큰 특징은 주변의 자연 환경과 잘 어울리게끔 설계했다는 점입니다.

ex A: 올해 작가님이 쓰신 동화책이 베스트셀러로 뽑혔는데요. 이 동화책이 아이들에게 인기 있는 이유가 뭐라고 생각하세요?
B: 무엇보다도 아이들의 눈높이에 맞게끔 읽기 쉽게 썼습니다. 그게 인기 비결인 것 같습니다.

ex A: 행사 준비는 잘되고 있나요? 회사 사활이 걸린 행사니까 차질이 없게끔 완벽하게 기획해 주세요.
B: 네, 알겠습니다. 빈틈없이 준비하겠습니다.

ex 기업은 항상 소비자들이 만족하게끔 끊임없이 연구하고 노력해야 한다.

ex 우리 식당은 고객들이 믿고 먹을 수 있게끔 항상 위생 관리를 철저하게 하고 있다.

Focus Plus

- Even though -게끔 is usually used with verbs, it can also be used with certain adjectives.

  ex 이 제품은 소비자들이 휴대하기 편리하게끔 작은 크기로 만들었습니다.

- -게 is attached to an adjective indicating the manner or the degree of a certain condition (See 『이화 한국어 2-2』 Chapter 8, p.21) and is attached to a verb indicating the purpose or criteria. (See 『이화 한국어 3-1』 Chapter 1, p.19)

  ex 감기를 예방하기 위해서는 평소에 손을 자주 씻고 주변을 청결하게 유지해야 한다.

  ex 기숙사 친구들과 함께 먹게 음식을 넉넉하게 준비하려고 한다.

Answers

① A: 요즘 충동구매를 하게 되는데 어떻게 하면 좋을지 모르겠어요.
B: 돈을 낭비하지 않게끔 돈을 쓰기 전에 계획을 세우세요.

② A: 살이 쪄서 건강이 나빠졌는데 어떻게 하면 좋을지 모르겠어요.
B: 건강을 회복하게끔 규칙적으로 운동을 하세요.

③ A: 늦잠을 자서 자주 지각하는데 어떻게 하면 좋을지 모르겠어요.
B: 수업 시간에 늦지 않게끔 일찍 자는 습관을 기르세요.

④ A: 한국어 실력이 좀처럼 늘지 않는데 어떻게 하면 좋을지 모르겠어요.
B: 한국어 실력이 향상되게끔 한국어로만 이야기하세요.

Vocabulary & Expression

다양한 상품을 통해 실현되다	**to be fulfilled through a variety of products**

When you want to describe the formation of a connection between certain objects or people, you can use N을/를 통해. Therefore, 다양한 상품을 통해 실현되다 indicates that through a variety of products, what has been only hoped for has actually been realized. N을/를 통해 is usually used with words such as 실현되다, 이루어지다, 되다, etc.

ex 다양한 상품을 통해 실현되고 있는 정보 통신 기술은 빠른 속도로 성장하고 있다.

이에 따라	**accordingly, thus, hence**

–에 따라 is used to indicate that something is based on a certain situation or criteria. Therefore, 이에 따라 indicates that what has been pointed out and talked about earlier becomes the criteria.

ex 태풍의 영향으로 제주도에는 호우 경보가 내려졌다. 이에 따라 사람들은 태풍에 대비해 만반의 준비를 하고 있다.

시간과 공간에 얽매이지 않다	**to be not bound by time and space**

–에 얽매이지 않다 means to behave regardless of a certain circumstance or condition. 시간과 공간에 얽매이지 않다 indicates doing something without regard to time and place. –에 얽매이지 않다 is usually used with nouns such as 규율, 형식, 약속, 조직, etc.

ex 요즘은 시간과 공간에 얽매이지 않고 자유롭게 일할 수 있는 직업이 각광을 받고 있다.

Reading Guide

This article introduces smart technology. Read carefully for the specific examples of how smart technology is changing our lives. (☞『이화 한국어 5』 p.82)

Answers

(1) 1단락에 스마트 기술은 하나의 기계에 여러 기능을 담거나 사물을 지능화하는 기술을 말한다고 언급되어 있다.

(2) 세탁기는 옷에 묻은 오물의 양을 감지하여 물과 세제의 양을 알아서 조절할 수 있다. 냉장고는 화면을 통해 식품이 어디에 있는지 확인할 수 있을 뿐만 아니라 그 재료로 할 수 있는 요리를 알려 준다고 나와 있다.

(3) ③ 3단락에 스마트 워크의 예와 의미가 나와 있고 스마트 워크 센터에 대한 반응에 대해서도 언급되었다.

(4) ① 아니요 ② 네 ③ 아니요
인간의 감정에 따라 작동하는 기기들이 개발은 되었지만 인기를 끌고 있지는 않다. 스마트 워크 센터는 회사와 업무 환경이 비슷한 원격 사무실을 말한다.

Vocabulary Expansion

곡식을 거두다 to harvest crops

Here, 거두다 means to harvest grains, such as rice, barley, and beans, or fruits.

ex 농촌의 가을은 곡식을 거두는 손길로 분주하다.

ex 고추를 거둔 후에 강한 햇볕에 잘 말려야 질 좋은 고춧가루를 얻을 수 있다.

빨래를 거두다 to take in washed clothes

Here, 거두다 means to gather up things that are scattered around.

ex 날씨가 흐린 걸 보니 비가 올 것 같은데 널어놓은 빨래를 거두는 게 어때?

ex 잘못 인쇄된 책을 모두 거두어 폐기 처리했다.

성금을 거두다 to collect donations

Here, 거두다 means to gather money or items from many people.

ex 지진 피해 지역의 아이들을 돕기 위해 회사에서 성금을 거두었다.

ex 이번 학기부터 동아리 회비를 거두기로 했으니 협조해 주시기 바랍니다.

성공을 거두다 to gain success

Here, 거두다 menas to obtain good results or achievements.

ex 불가능하다는 분야에 도전한 김성훈 교수는 실패를 거듭한 끝에 성공을 거두었다.

ex 메이닝은 매 학기 뛰어난 성적을 거두어 4년 내내 장학금을 받았다.

아이를 거두다 to look after a child

Here, 거두다 means to raise or take care of an offspring or orphan.

ex 민수 씨 부부는 전쟁 통에 고아가 된 아이를 거두어 자식처럼 키웠다.

ex 은주 씨는 자신을 거두어 길러 주신 할머니께 늘 감사드렸다.

숨을 거두다 to draw one's last breath

Here, 거두다 means to stop or finish what one was doing.

ex 세계 최고 고령자인 그는 116세의 나이에 숨을 거두었다.

ex 미혼모에 대한 곱지 않은 시선을 거두고 그들이 용기 내어 살아갈 수 있도록 지원을 아끼지 말아야 한다.

p.89

Proverb

세월이 약이다

This proverb suggests that however heartbreaking and devastating a situation may be, as time passes, you will eventually forget it all and be healed.

ex 세월이 약이라는 말도 있듯이 시간이 흐르면 힘들고 괴로웠던 일도 자연스럽게 다 잊게 될 것이다.

가는 날이 장날이다

This proverb metaphorically describes a situation where you intend to do something and an unexpected happening coincidentally occurs.

ex 몇 년 만에 마음먹고 간 여행이었는데 가는 날이 장날이라고 여행 내내 폭우가 쏟아지는 바람에 구경도 제대로 못했다.

십 년이면 강산도 변한다

Ten years of time is long enough to change even natural formations such as rivers and mountains. This proverb suggests that everything has no choice but to change as time goes on.

ex 이번 방학 때 내가 다녔던 초등학교에 가 봤는데 십 년이면 강산도 변한다더니 정말 많이 바뀌어 있었다.

Answers

3. (1) 세월이 약이다
A: 왜 그렇게 우울해 보여? 무슨 일 있어?
B: 초등학교 때부터 키우던 강아지가 갑자기 죽었어. 정말 가족이나 다름없었는데……. 집에 가면 자꾸 생각이 나서 너무 힘들어.
A: 그랬구나. 기운 내. 세월이 약이라는 말이 있잖아. 시간이 지나면 조금씩 괜찮아질 거야.

(2) 십 년이면 강산도 변한다
A: 예전에 살던 동네에는 잘 다녀왔어?
B: 응. 잘 다녀왔는데 고층 아파트들이 빽빽하게 들어서서 내가 살았을 때의 모습을 찾아볼 수가 없었어. 10년 동안 너무 많이 바뀐 것 같아.
A: 십 년이면 강산도 변한다고 하니까 옛날에 살던 동네도 당연히 많은 변화가 있었겠지.

(3) 가는 날이 장날이다
A: 어제 놀이공원 잘 다녀왔어요?
B: 아니요. 사람이 많아서 제대로 놀지 못했어요.
A: 왜요? 평일이었는데 사람이 많았어요?
B: 네. 일부러 주말을 피해 평일에 간 건데 가는 날이 장날이라고 단체 손님이 많이 왔더라고요.

Vocabulary Check

Part 1 준비합시다 01

- 윤리적 ethical
- 성공을 거두다 to gain success
- 출시되다 to release
- 시판되다 to sell on the market, to put goods on the market

Part 1 들어 봅시다

- 밀접하다 to be close to
- 첨단 기술 high technology, advanced technology
- 일깨우다 to enlighten
- 마찰력 friction, friction force
- 상식 common sense, general knowledge
- 때가 빠지다 stain comes off
- 실추되다 to be declined, to be marred

Part 1 말해 봅시다

- 의존하다 to depend on, to rely on
- 돈독하다 to be friendly and close, to strengthen, to solidify

Part 2 준비합시다 01

- 혁신적 innovative, revolutionary
- 피땀 흘리다 to put blood, sweat, and tears into a job, to work extremely hard
- 수사하다 to investigate
- 구조 대원 rescuers, rescue workers
- 수색 작업을 벌이다 to initiate a search and rescue operation

Part 2 준비합시다 02

- 기출문제 past test questions
- 좀처럼 not easily, rarely, seldom
- 향상되다 to be improved

Part 2 읽어 봅시다

- 감지하다 to sense, to perceive
- 원격 remote, distant, faraway
- 거세다 to be fierce, to be strong
- 편익 benefit, convenience
- 구축되다 to be constructed, to be built
- 적절하다 to be appropriate
- 오물 sewage, filth
- 조절하다 to adjust, to tune
- 설치하다 to install
- 효율적 efficient, effective
- 진화하다 to evolve
- 기기 equipment, machinery
- 인식하다 to perceive
- 속속 one after another
- 전망되다 to be forecast(ed)

Part 2 써 봅시다

- 이주민 immigrants, migrants
- 추진되다 to be pushed forward, to be promoted
- 보금자리 nest, home
- 주관하다 to supervise, to be in charge of, to organize
- 조성되다 to be made up, to be prepared
- 한몫하다 to take part in
- 추세 tendency, trend

Part 3 토론해 봅시다

- 풍요롭다 — to be rich, to be abundant
- 멸종 — extermination, extinction
- 생태계 — ecosystem
- 식량난 — food crisis, food shortage
- 예측하다 — to predict, to forecast
- 가축 — domestic animal
- 생산 — production
- 허용되다 — to be allowed, to be permitted
- 이기적 — selfish, self-centered, egoistic
- 행위 — behavior, action, act
- 그릇되다 — to be mistaken, to be wrong
- 생명 경시 풍조 — trend of devaluing life

Topic Vocabulary

Smart Technology

- 기술 발전에 이바지하다 to contribute to the advancement in technology
- 인공지능 artificial intelligence
- 자동화되다 to be automated
- 첨단 산업을 육성하다 to nurture cutting-edge industry
- 최첨단을 걷다 to be on the cutting-edge

PART1 준비합시다 01 • –ㄴ/는다기보다

p.92

Grammar Focus

–ㄴ/는다기보다 indicates that it is more relevant to go with what the following phrase says rather than what the preceding phrase says. It is short for –ㄴ/는다고 하기보다. –다기보다 is used for adjectives, –ㄴ/는다기보다 is used for verbs, and (이)라기보다 is used for nouns. The auxiliary particle 는 can be added to the end of –ㄴ/는다기보다 to emphasize the meaning.

Basic form	–ㄴ/는다기보다	–았/었다기보다
바쁘다	바쁘다기보다	바빴다기보다
귀찮다	귀찮다기보다	귀찮았다기보다
가다	간다기보다	갔다기보다
찾다	찾는다기보다	찾았다기보다
적극적이다	적극적이라기보다	적극적이었다기보다

ex A: 와! 저기 저 사람은 배우 유나리 맞지요? 정말 예쁘지 않아요?
B: 글쎄요. 제가 보기에는 예쁘다기보다 귀여운 것 같은데요.

ex A: 지난번보다 성적이 떨어졌네. 시험이 어려웠어?
B: 시험이 어려웠다기보다 문제 유형이 바뀌어서 문제에 적응이 안 되더라고. 그래서 점수가 좀 낮게 나왔어.

ex A: 어머, 수진 씨! 축구 중계방송도 봐요? 축구를 좋아하나 봐요?
B: 축구를 좋아한다기보다 그냥 관심이 조금 있는 거라고 할 수 있어요. 멋있는 축구 선수가 꽤 많더라고요.

ex A: 양이 좀 많아 보였는데 밥을 다 먹었네요. 배가 고팠어요?
B: 배가 고파서 먹었다기보다 안 먹으면 기운이 없을 것 같아서 다 먹었어요.

ex A: 김 기자, 이번 사건에 대한 검찰의 태도가 소극적이라는 여론이 있던데요.
B: 네, 그렇습니다. 그런데 검찰의 태도가 소극적이라기보다 아예 수사를 할 의지가 없는 것으로 보여서 비판을 받고 있습니다.

Answers

① A: 왜 매일 검은색 옷만 입어요? 검은색 옷을 좋아해요?
B: 검은색 옷을 좋아한다기보다 밝은색 옷이 어울리지 않아서요.

② A: 왜 혼자서 쇼핑하러 다녀요? 혼자 쇼핑 다니는 것이 편해요?
B: 혼자 쇼핑 다니는 것이 편하다기보다 딱히 같이 갈 친구가 없어서요.

③ A: 왜 음식을 반도 넘게 남겼어요? 음식이 입맛에 안 맞아요?
B: 음식이 입맛에 안 맞는다기보다 요즘 계속 속이 더부룩해서요.

④ A: 왜 메이닝을 동아리 회장으로 뽑았어요? 메이닝이 마음에 들었어요?
B: 메이닝이 마음에 들었다기보다 마땅한 사람이 없어서요.

PART1 들어 봅시다 변화된 사회 모습에 대한 대담 듣기

p.93

Vocabulary & Expression

하루가 다르다	It is changing everyday

This expression indicates that something is changing rapidly. It is usually used in the form of 하루가 다르게 and used with verbs representing changes such as 변하다, 달라지다, 성장하다, 발전하다, or 올라가다.

ex 과학 기술의 발달로 세상은 하루가 다르게 변하고 있다.

민주화 바람	pro-democracy wave

바람 indicates a temporary trend, atmosphere, or ideological tendency that takes place throughout the society. Here, 민주화 바람 indicates a social phenomenon which occurred in the process of political democratization in Korea in the 1980s. 바람 can combine with words such as 자유화, 근대화, 서구화, 세계화, etc. describing the atmosphere of social changes.

ex 이웃 나라에서는 최근 민주화 바람이 불어 국민들이 주권을 확보하기 위한 시위를 벌이고 있다.

ex 세계화 바람이 불어서 너도나도 외국어 학습에 열을 올리고 있다.

21세기에 들어와서	starting in the 21st century

It means that since the start of the year 2000, a certain phenomenon or event has taken place. N에 들어와서 is used with expressions representing time or era.

ex 21세기에 들어와서 우리 사회는 큰 변화를 맞이하게 되었다.

ex 나는 이번 학기에 들어와서 지금까지 하루도 지각한 날이 없었다.

Listening Guide

A sociologist is on a talk show discussing changes in modern Korean society. As you listen, try to focus on the different characteristics of young people depending on the times. (☞『이화 한국어 5』 Track 34)

Answers

(1) ④ 이 대담에서는 베이비 붐 세대, 386 세대, X 세대가 젊은 시절에 가졌던 특징과 각 세대가 젊은 시기를 보낸 때의 사회 모습에 대해서 언급하고 있다.

(2) ③ 1970년대에는 경제 발전, 1980년대에는 정치적 민주화가 중시되었다. 그리고 1990년대는 개인적 가치가 중요해진 시대, 2000년대는 정보 통신이 발달한 시대이다.

(3) 교재 정답 p.205 참고

Vocabulary & Expression

아닌 게 아니라	indeed, as expected

This expression indicates that a certain fact is true, just as expected. It is also used to agree with what another person says.

ex A: 창밖 좀 보세요. 비가 와요.
B: 아까부터 먹구름이 껴서 비가 올 것 같더니 아닌 게 아니라 빗방울이 떨어지기 시작했군요.

ex A: 요즘 사오리 씨한테 무슨 안 좋은 일이 있는 것 같지 않아요?
B: 아닌 게 아니라 저도 그렇게 느꼈어요. 표정이 좀 어둡더라고요.

불과	merely, no more than

This is an adverb that comes in front of words that represent quantity, indicating that there is only that much. It usually indicates a small amount. It can also be used as an adjective, in the form of 불과하다.

ex A: 김 기자, 이번 지진으로 인한 피해가 매우 심각하지요?
B: 네. 불과 몇 분 동안 일어난 일이었지만 그로 인한 손실은 어마어마할 것으로 예상됩니다.

ex 그 시험에 합격한 사람은 우리 반에서 두 명에 불과하다.

활발해질 테니까 말이다	now that it will be active and widespread

This expression indicates an assumption that a certain phenomenon will become more widespread. −(으)ㄹ 테니까 말이다 is used to emphasize that what has been assumed will certainly occur.

ex A: 앞으로는 스마트 기술이 우리 생활에 더 많은 영향을 끼치겠지?
B: 그렇겠지. 스마트 기술을 활용한 제품 생산이 더욱 활발해질 테니까 말이야.

ex A: 사장님이 다음 달부터 새 프로젝트를 진행하라고 하셨다면서요?
B: 네. 다음 달부터는 정말 개인 생활이 없어지겠네요. 프로젝트가 시작되면 거의 매일 야근을 하게 될 테니까 말이에요.

p.97

Grammar Focus

−(으)ㄹ뿐더러 is used to indicate that there are more aspects to a certain situation besides those already mentioned. In other words, it is used when there are other facts or circumstances on top of the previously mentioned fact or circumstance. Usually the following situation is likely to be more serious in degree. −(으)ㄹ뿐더러 is used with an adjective or verb, while 일뿐더러 is used with a noun.

Basic form	−(으)ㄹ뿐더러	−았/었을뿐더러
불편하다	불편할뿐더러	불편했을뿐더러
좋다	좋을뿐더러	좋았을뿐더러
지치다	지칠뿐더러	지쳤을뿐더러
막다	막을뿐더러	막았을뿐더러
만들다	만들뿐더러	만들었을뿐더러
있다	있을뿐더러	있었을뿐더러
사건이다	사건일뿐더러	사건이었을뿐더러

ex A: 박사님, 이번 실험 결과가 어떻게 나올 거라고 예상하십니까?
B: 글쎄요. 결과를 예측하기가 어려울뿐더러 예측한다고 하더라도 지금은 말씀드릴 수 없습니다.

ex A: 네가 이번 사건의 강력한 용의자로 지목되고 있는 거 알고 있지? 사건 당일에 무슨 일이 있었는지 솔직히 말하는 게 좋을 거야!
B: 형사님, 저는 이번 사건과 관계가 없을뿐더러 이 일에 대해 들어 본 적도 없습니다.

ex A: 자, 그럼 심사위원장님으로부터 작품에 대한 심사평을 듣도록 하겠습니다.
B: 참가자들의 수준이 높아졌습니다. 그래서 우열을 가리기 힘들었을뿐더러 참신한 작품이 많아서 놀랐습니다.

ex A: 요즘 부모님들이 자녀의 일에 지나치게 간섭해서 여러 가지 문제가 생기는 것 같습니다.
B: 그렇습니다. 부모의 지나친 간섭은 자녀에게 도움이 안 될뿐더러 자녀의 자율성을 약화시키는 결과를 가져옵니다.

ex A: 우리가 살면서 다른 사람들에게 힘이 되는 말을 해 주는 것이 정말 필요할 것 같아요.
B: 그럼요. 긍정적인 말은 상대방에게 용기를 줄뿐더러 말을 하는 사람에게도 좋은 영향을 끼치니까요.

ex A: 김정호 탐험 대장님은 어떤 분이었습니까?
B: 그분은 실패를 두려워하지 않았을뿐더러 실패했을 때에도 항상 긍정적으로 생각하셨던 분입니다.

ex A: 수진 씨, 인터넷 쇼핑몰 담당자한테 연락은 해 봤어요?
B: 네. 그런데 지금 이메일 답장도 못 받은 상태일뿐더러 담당자와 전화 통화도 되지 않는 상황이에요.

Focus Plus

- –(으)ㄹ뿐더러 can be replaced with –(으)ㄹ 뿐만 아니라 (See 『이화 한국어 3–1』 Chapter 3, p.59). However, a noun can only be used with N뿐만 아니라, as the structure N뿐더러 does not exist.

  ex 이 식당은 음식 맛이 좋을 뿐만 아니라 분위기도 좋다.
  (= 좋을뿐더러)

  ex 이 식당은 음식 맛뿐만 아니라 분위기도 좋다. (○)
  이 식당은 음식 맛뿐더러 분위기도 좋다. (×)

- –(으)ㄹ 뿐이다 looks quite similar to –(으)ㄹ뿐더러 but they have different meanings. It indicates that there is no possibility of other options except for opting for the current situation or behavior. –(으)ㄹ 뿐이다 can be replaced with –(으)ㄹ 따름이다.

  ex A: 폭우 때문에 비행기가 착륙하기 어렵다면서요?
  B: 네. 정말 걱정인데 다른 해결 방법을 못 찾겠네요. 그저 기도만 할 뿐이에요.

  ex A: 이번 사업을 추진하는 데에 김 과장이 수고를 많이 했네.
  B: 과찬이십니다. 저는 당연히 제가 해야 할 일을 했을 뿐입니다.

- Even though it is not semantically related to 더러 in –(으)ㄹ뿐더러, there is 더러 that can be used as a particle. The particle 더러 indicates a person who is influenced by a certain behavior. Mainly used in speech and in quotation, it can be replaced with 에게, 한테, or 보고.

  ex A: 사라 씨도 오늘 모임에 오겠지요?
  B: 네. 아까 젠하오 씨가 사라 씨더러 꼭 나와 달라고 했었어요. 사라 씨도 젠하오 씨에게 나오겠다고 말했고요.

  ex A: 내가 너 힘들 것 같아서 도와주려고 왔는데 너는 왜 일할 생각도 안 해?
  B: 누가 너더러 도와 달라고 했어? 잔소리 좀 하지 마.

Answers

① A: 정치 불안이 사회에 어떤 영향을 끼치는지 말씀해 주시겠습니까?
B: 정치가 불안하면 사회가 혼란스러워질뿐더러 경제도 불안해집니다.

② A: 물가 상승이 사회에 어떤 영향을 끼치는지 말씀해 주시겠습니까?
B: 물가가 상승하면 사람들이 소비를 하지 않을뿐더러 기업들의 투자도 줄어듭니다.

③ A: 범죄 증가가 사회에 어떤 영향을 끼치는지 말씀해 주시겠습니까?
B: 범죄가 증가하면 수사에 많은 인력이 필요할뿐더러 주민들의 불안감도 커집니다.

④ A: 사교육비 증가가 사회에 어떤 영향을 끼치는지 말씀해 주시겠습니까?
B: 사교육비가 증가하면 학부모의 경제적 부담이 늘어날뿐더러 학생들 사이에 위화감이 생길 수도 있습니다.

p.98

Grammar Focus

–자 is used when two actions take place right after each other: the action in the preceding clause happens right before the action in the following clause. It can also indicate that the action in the preceding clause is the cause of the following situation. It is used with a verb and mostly used in writing or in formal conversations.

Basic form	–자	Basic form	–자
나타나다	나타나자	만들다	만들자
닫다	닫자	돕다	돕자

ex A: 김 과장, 이번 주 우리 회사 제품에 대한 시장의 반응은 어떻습니까?
B: 새로운 휴대 전화가 출시되자 제품을 구입하려는 사람들의 문의가 잇따르고 있습니다. 판매도 잘되고 있고요.

ex A: 최 기자, 오늘 금메달을 획득한 김영찬 선수의 가족들이 매우 기뻐했을 것 같네요.
B: 네. 김영찬 선수가 금메달을 땄다는 소식이 전해지자 김 선수의 고향에서는 큰 잔치가 벌어졌습니다.

ex A: 이제 축구 결승전 경기가 시작되었습니다. 지금 이곳은 두 팀을 응원하는 함성 소리로 가득합니다.
B: 그렇습니다. 경기가 시작되자 응원석의 응원 열기도 더욱 뜨거워졌습니다.

ex A: 선생님, 책을 계속 읽어 주세요. 산에서 길을 잃은 아이는 어떻게 되었어요?
B: 네, 그럴게요. 아이가 산을 넘자 한 마을이 보였어요. 그래서 아이는 용기를 내어서 그 마을에 가 보기로 했지요.

ex A: 이번 폭행 사건이 일어나게 된 원인은 무엇입니까?
B: 범인 황 모 씨는 친구가 자신의 부탁을 들어주지 않자 화가 나서 친구를 폭행했다고 말했습니다.

ex 창문을 열자 시원한 바람이 방 안에 들어왔다.

ex 학교에 가려고 집을 나서자 눈이 내리기 시작했다.

ex 커피 가루에 물을 붓자 커피 향이 방 안에 퍼졌다.

ex 화재 경보음이 울리자 사람들이 건물 밖으로 빠져나갔다.

ex 날이 어두워지자 밖에서 놀고 있던 아이들이 하나둘씩 집으로 돌아갔다.

Focus Plus

- –자 cannot be used in an imperative or propositive sentence. Instead, you can use –자마자 for a similar meaning.

ex 집에 들어가자마자 전화하세요. (○)
집에 들어가자 전화하세요. (×)

ex 수업이 끝나자마자 같이 영화를 보러 갑시다. (○)
수업이 끝나자 같이 영화를 보러 갑시다. (×)

- –자 can be replaced with –자마자(See 『이화 한국어 2-2』 Chapter 12, p.94) only when it indicates the time order of the situations in the preceding and following clauses. However, if –자 is being used to indicate a cause and effect, it cannot be replaced with –자마자.

  ex 우리가 여행지에 도착하자 비가 내리기 시작했다. (order of events)
  (= 도착하자마자)

  ex 과학 기술이 발달하자 사람들이 전자 기기에 의존하는 경향이 생겼다. (cause and effect)
  과학 기술이 발달하자마자 사람들이 전자 기기에 의존하는 경향이 생겼다. (×)

- When N(이다) and –자 are combined, it is used in the form of N(이)자 N(이)다. It indicates that the subject of the sentence including this has the attribute of both the nouns appearing before and after –자.

  ex A: 오늘은 국회 의원을 뽑는 날입니다. 우리 모두 국민의 대표를 뽑는 일에 참여해야겠지요?
  B: 네, 그렇습니다. 선거에 참여하는 것은 대한민국 국민의 권리이자 의무입니다.

  ex A: 한국인이 가장 존경하는 세종대왕은 어떤 분인가요?
  B: 세종대왕은 정치를 잘했던 지도자이자 여러 학문을 연구했던 학자였습니다.

Answers

옛날에 가난하지만 마음씨가 착하고 정직한 나무꾼이 살고 있었다. 어느 날 나무꾼은 산에 나무를 하러 갔다가 실수로 도끼를 연못에 빠뜨렸다. 도끼를 연못에 빠뜨리자 당황한 나무꾼 앞에 산신령이 나타났다. 그 산신령이 나무꾼에게 금도끼와 은도끼를 보여 주며 이 도끼를 잃어버렸냐고 묻자 나무꾼은 아니라고 대답했다. 그다음에 산신령이 나무꾼의 쇠도끼를 내보이자 나무꾼은 그제야 그 도끼가 자기 것이라고 말했다. 이렇게 나무꾼이 사실대로 말하자 산신령은 나무꾼의 정직함을 훌륭하게 여기고 상으로 금도끼와 은도끼를 모두 주었다. 상을 받은 나무꾼이 크게 기뻐하자 산신령도 흐뭇한 미소를 지으며 다시 연못 속으로 홀연히 사라졌다.

Tell me!

까마귀 날자 배 떨어진다(A pear drops when a crow flies from the tree)

Q What is the meaning of 까마귀 날자 배 떨어진다?

A Let's think of a situation where a pear drops right after a crow flies from the tree. In actuality, what happened is that a pear drops coincidentally after a crow flies away. However, what people see is that a pear drops because a crow flies away and thus they blame the crow for it, which is a complete misunderstanding. Therefore this proverb is used when someone is misunderstood for something that has nothing to do with the person. The four-character idiom for this proverb is 오비이락(烏飛梨落).

현대 사회에서 쉼의 중요성을 강조하는 칼럼 읽기 p.99

Vocabulary & Expression

게으름을 피우다가는 실패하고 말 것이다 | **You will fail if you idle your time away**

This expression says that slacking off and being lazy leads to failure. –다가는/–(으)면 –고 말 것이다 indicates that if you keep doing the action in the first clause, eventually the unintended situation of the second clause will occur.

ex 이렇게 훈련을 안 하고 게으름을 피우다가는 메달 획득에 실패하고 말 것이다.

ex 오늘이라도 빨리 공부를 시작하지 않으면 시험을 망치고 말 것이다.

자칫하면 허무감에 빠질 수도 있다 | **if things go wrong/at the slightest slip, you might fall into a sense of futility**

자칫하면 –(으)ㄹ 수도 있다 suggests that the slightest slip or smallest mistake could unintentionally cause things to go wrong. 자칫하여 or 자칫하다가(는) can be used in place of 자칫하면.

ex 일의 결과가 나쁠 때는 자칫하면 허무감에 빠질 수도 있으므로 일의 과정에서 보람을 찾아야 한다.

ex 바다에서 자칫하다가는 파도에 휩쓸릴 수도 있으니 조심해야 한다.

한숨 자고 일어나다 | **to wake up from a brief but good sleep**

The expression indicates that a person wakes up after a brief sleep, in which expression 한숨 is a brief rest or sleep. However, it also indicates breathing out when a person is worried or is relieved.

ex 일을 하다가 한숨 자고 일어났더니 개운해졌다.　ex 그는 무슨 걱정이 있는지 한숨을 길게 내쉬었다.

Reading Guide

In this article, the writer argues that people in modern society need to relax. As you read, pay attention to the reasoning behind the writer's. (☞『이화 한국어 5』 p.100)

Answers

(1) ③ 글쓴이는 휴식이 없을 때의 문제점을 3단락에서 언급하고 있고 적당한 휴식이 주는 유익과 휴식의 중요성을 4단락에서 강조하고 있다.

(2) ② 한 인물의 경험담은 4단락, 설문 조사 결과는 1단락, 많이 알려진 이야기는 1, 5단락에 나와 있다.

(3) ② 휴식을 취하지 못하는 이유는 2단락에 기술되어 있다.

(4) ① 아니요　② 아니요　③ 네
현대인들은 업무가 많지만 자기 계발을 위해 바쁘게 지낸다. 그리고 이 글에는 목표를 이루기 위해 들인 시간과 노력에 비해 성과를 얻지 못할 수도 있다고 나타나 있다.

 p.106

Vocabulary Expansion

벽에 걸리다 **to be hung on the wall**

Here, 걸리다 means to be hung onto an object so as not to fall off.

ex 그의 방에 들어서자 벽에 걸린 액자가 눈에 띄었다.

ex 친구의 옷이 옷걸이에 걸려 있는 것을 보니 외출을 안 한 모양이다.

질병에 걸리다 **to catch a disease such a cold, a cancer, etc.**

Here, 걸리다 means to catch a disease.

ex 그 지역에는 환경 오염으로 인해 질병에 걸린 사람들이 많다.

ex 그는 암에 걸려서 돌아가신 어머니를 생각하며 마음 아파했다.

양심에 걸리다 **to be conscience-stricken**

Here, 걸리다 means to worry or to have a guilty conscience.

ex 양심에 걸리는 행동은 스스로 삼가 주시기 바랍니다.

ex 친구와 다툰 일이 마음에 걸려서 친구에게 전화를 해 보기로 했다.

법에 걸리다 **to be against the law**

Here, 걸리다 means to go against the law, regulations, etc.

ex 고속도로에서 운전할 때 속도를 얼마 이상 내면 법에 걸립니까?

ex 비행기에 탑승할 때 규정에 걸리지 않도록 휴대가 금지된 물품이 무엇인지 미리 확인하는 것이 좋다.

돌부리에 걸리다 **to trip over a stone**

Here, 걸리다 means to have a foot or leg accidentally collide into an object.

ex 신나게 뛰어 가다가 돌부리에 걸려서 넘어진 아이는 울음을 터뜨렸다.

ex 그는 축구 경기 중에 상대편 선수의 발에 걸려 넘어지고 말았다.

그물에 걸리다 **to get caught in a net**

Here, 걸리다 means to be trapped, blocked, or caught.

ex 하루 종일 뱃일을 하느라 힘들었지만 그물에 걸린 물고기들을 보니까 보람을 느꼈다.

ex 야생 동물에 의한 피해를 줄이기 위해 덫을 놓았는데 옆집 강아지가 그 덫에 걸리고 말았다.

Proverb

가재는 게 편이다

This proverb says that the lobster is always on the crab's side, since lobsters and crabs look similar to each other. Thus, the proverb indicates that when people look alike, happen to be in a similar situation, or have a strong bond with each other, they tend to get along well and stand up for each other.

ex 정 대리는 대학 후배가 하는 말이라면 무조건 찬성한다. 가재는 게 편이라는 말이 생각난다.

백지장도 맞들면 낫다

백지장 is a sheet of white paper. However thin and light a sheet of paper may be, it nevertheless becomes easier to carry when it is carried by two people. Thus, this proverb indicates that no matter how simple a task is, cooperation and teamwork make the task easier to complete.

ex 백지장도 맞들면 낫다고 지역 주민들이 태풍 피해 복구 작업에 동참하면 빨리 작업을 끝낼 수 있을 것이다.

달면 삼키고 쓰면 뱉는다

We tend to eat sweet things and spit out bitter things, metaphorically demonstrating that people are willing to accept only beneficial, profitable situations. This proverb describes people who only pursue their profit regardless of loyalty or right and wrong.

ex 자기에게 이익이 되면 친한 척하다가도 도움이 안 된다 싶으면 친구 관계도 끊어 버리는 사람들이 있다. 이렇게 달면 삼키고 쓰면 뱉는 사람들을 조심해야 한다.

Answers

3. (1) 백지장도 맞들면 낫다

A: 내일 사라 씨가 이사를 한다면서요? 우리 같이 도와주러 갈까요?

B: 그래요. 사라 씨는 이삿짐이 별로 없으니까 신경 쓰지 말라고 했지만 그래도 도와주는 게 좋겠어요. 백지장도 맞들면 낫다고 하잖아요.

(2) 가재는 게 편이다

A: 어제 루이하고 젠하오가 싸운 거 알지? 루이가 잘못한 것 같지 않아?

B: 응. 나도 그렇게 생각해. 그런데 가재는 게 편이라더니 루이 여자 친구는 끝까지 루이한테 잘못이 없다고 우기더라니까.

(3) 달면 삼키고 쓰면 뱉는다

A: 이 부장님 소식 들었어요? 이번에 회사에서 퇴직하라고 했대요. 올해 실적이 조금 안 좋으셨잖아요.

B: 정말요? 그래도 20년 동안 우리 회사를 위해서 일하신 분인데 갑자기 나가라고 하다니 너무했네요.

A: 그러게 말이에요. 달면 삼키고 쓰면 뱉는다더니 정말 그 말이 딱 맞네요.

Vocabulary Check

Part 1 준비합시다 01

- 존재 existence, being
- 딱히 not necessarily, not exactly
- 더부룩하다 to feel bloated
- 마땅하다 to be suitable, to be fair

Part 1 들어 봅시다

- 세대 generation
- 베이비 붐 baby boom
- 민주화 democratization
- 시급하다 to be urgent
- 하루가 다르게 변하다 to change by the day
- 생계 living, bread and butter
- 바람이 불다 wind blows
- 국경을 초월하다 to be beyond national boundaries

Part 1 말해 봅시다

- 싱글족 single-person household
- 불과 only, no more than
- 여건 given circumstance
- 평생직장 lifetime employment
- 아닌 게 아니라 indeed, as expected
- 부쩍 a great deal, visibly
- 하긴 as a matter of fact, actually

Part 2 준비합시다 01

- 노동 생산성 labor productivity
- 상승 increase, rise
- 사교육비 private education cost
- 위화감 sense of incongruity

Part 2 준비합시다 02

- 정책 policy
- 복지 welfare, well-being
- 내보이다 to exhibit, to show
- 나무꾼 lumberjack, woodcutter
- 도끼 axe, hatchet
- 산신령 guardian spirit of a mountain
- 홀연히 suddenly but quietly

Part 2 읽어 봅시다

- 우화 fable
- 산꼭대기 mountaintop, peak
- 느릿느릿 slowly, sluggishly
- 취득 acquisition, obtainment
- 시달리다 to be annoyed, to be harassed
- 뿌리박히다 to take root, to be deeply embedded
- 도태되다 to be dismissed, to be weeded out
- 습득하다 to acquire, to learn
- 근면하다 to be diligent
- 보장되다 to be guaranteed
- 육체적 physical
- 도달하다 to arrive, to reach
- 성과 result, outcome
- 자칫하다 to be at the slightest slip, if things go wrong
- 허무감 emptiness, sense of futility
- 점검하다 to inspect, to check
- 전략 strategy, tactic
- 구상하다 to map out a scheme, to formulate a plan

- 관점 point of view
- 한숨 rest, brief sleep
- 역부족 beyond its capacity, not enough

Part 2 써 봅시다

- 둘도 없다 to be unrivaled, to be unique
- 상금 prize money, cash prize
- 깡충깡충 hippity-hoppity
- 엉금엉금 crawling, on all fours
- 움켜쥐다 to hold tight, to grab
- 싸늘하다 to be wintry, to be icy, to be cold

Part 3 토론해 봅시다

- 도덕적 moral, ethical
- 법제화 legislation
- 통제하다 to control, to regulate
- 접하다 to learn about, to hear
- 곤경에 처하다 to be in trouble, to be in hot water
- 규제하다 to regulate, to restrict
- 이타적 unselfish, altruistic
- 제정하다 to legislate
- 의무 duty, obligation
- 타율적 heteronomous, other-directed
- 강제적 forced, compulsory
- 규범 norm, code
- 자율성 autonomy, self-regulation
- 침해하다 to violate, to trespass
- 양심 conscience, moral sense
- 위태롭다 to be risky, to be hazardous
- 가책 guilt, qualm
- 처벌 punishment, penalty

Topic Vocabulary

Social Change

- 변화무쌍하다 to be kaleidoscopic/capricious
- 변화의 급물살을 타다 to plow through the waves of change
- 어제 다르고 오늘 다르다 change seems to come at the speed of light
- 서서히 변하다 to change gradually
- 시시각각으로 변하다 to vary from hour to hour
- 하루가 새롭다 to feel renewed everyday

PART1 준비합시다 01 • –(으)ㄹ 정도

p.110

Grammar Focus

–(으)ㄹ 정도 indicates that the following clause is similar in degree or limit to the condition or behavior in the preceding clause. 정도 is a noun meaning the degree or level of quality or value of an obejct. –(으)ㄹ 정도 is mostly used in the form of –(으)ㄹ 정도로 or –(으)ㄹ 정도이다. It is used with an adjective or verb.

Basic form	–(으)ㄹ 정도	–았/었을 정도	Basic form	–(으)ㄹ 정도	–았/었을 정도
아프다	아플 정도	아팠을 정도	참다	참을 정도	참았을 정도
많다	많을 정도	많았을 정도	풀다	풀 정도	풀었을 정도
포기하다	포기할 정도	포기했을 정도	있다	있을 정도	있었을 정도

ex A: 오늘 루이 씨가 졸업생 대표로 소감 발표를 했다면서요? 어땠어요?
B: 내용은 좋았는데 듣는 사람이 답답할 정도로 말을 너무 느리게 하더라고요.

ex A: 어제 내린 폭설로 강원도에 있는 몇 가구의 집 지붕이 무너졌대요.
B: 지붕이 무너질 정도면 도대체 눈이 얼마나 많이 왔다는 거예요?

ex A: 지은 씨, 이번에 제주도로 여행 갔을 때 한라산에도 올라갔어요?
B: 네. 너무 힘들었어요. 다음 날 근육통 때문에 아파서 일어나지 못했을 정도였다니까요.

ex A: 윤민 씨, 요즘 윤민 씨의 노래가 세계적으로 폭발적인 인기를 끌고 있는데 실감이 나시나요?
B: 아니요. 꿈을 꾸고 있는 것 같아요. 믿을 수 없을 정도로 큰 관심과 사랑을 주셔서 감사합니다.

ex 이화식당은 두 사람이 1인분을 주문해도 다 먹기 힘들 정도로 음식을 많이 준다.

Focus Plus

- When 정도 is used behind a noun without –(으)ㄹ, it is used with a word representing quantity to indicate that the noun is of that quantity.

  ex 적어도 일주일에 두 번 정도 운동을 해야 건강을 유지할 수 있다는 것을 잊지 마세요.

- –(으)ㄹ 정도 has a similar meaning with –(으)ㄹ 만큼.

  ex 루이 씨는 6급으로 진급하기 위해서 책을 모조리 외울 정도로 공부했다.
  (= 외울 만큼)

Answers

① A: 요즘 채식 열풍이 불고 있다면서요?
B: 네. 서울에만 해도 채식 레스토랑이 100여 곳에 이를 정도로 채식이 인기를 얻고 있대요.

② A: 기부 문화가 확산되고 있다면서요?
B: 네. 10년간 기부금이 두 배나 증가했을 정도로 기부가 활성화되고 있대요.

③ A: 대졸 실업자가 증가하고 있다면서요?
B: 네. 졸업을 늦추는 사람이 많을 정도로 실업난이 심각하대요.

④ A: 점점 고령화 사회가 되어 가고 있다면서요?
B: 네. 실버산업이 유망 산업으로 떠오를 정도로 노년층 인구가 늘어나고 있대요.

Vocabulary & Expression

공격보다 방어를 우선시하다	to prioritize defense over offense

This expression means the subject considers defense to be more important than offense. When using expressions of this structure, usually two nouns that contrast each other are used.

ex 국가 대표 축구팀 김준호 감독의 축구 스타일은 공격보다 방어를 우선시하는 경향이 있다.

ex 어떤 일을 할 때는 결과보다 과정을 우선시해야 좋은 결과를 얻을 수 있다.

인형이 겹겹이 들어 있다	Dolls are stacked in many layers

겹겹이 describes many lines or areas stacking up to form layers. Therefore, 겹겹이 들어 있다 indicates that many identical objects are packed in layers. It is usually used with verbs such as 입다, 둘러싸다, 쌓다, etc.

ex 러시아의 전통 인형인 '마트료시카'는 모양은 같지만 크기가 다른 인형이 겹겹이 들어 있는 것이다.

ex 겨울에는 두꺼운 옷을 하나 입는 것보다 얇은 옷을 겹겹이 입는 것이 추위를 이기는 데 더 효과적이다.

풍요와 다산을 의미하다	to represent abundance and fertility

풍요 means abundance and 다산 means having many children. Many traditional agricultural societies considered abundance and fertility to be the most important values.

ex 대추나무에는 열매가 많이 열리기 때문에 예로부터 대추는 풍요와 다산을 의미했다.

Listening Guide

Three students are each giving a presentation on a cultural symbol of their country. Listen carefully for the cultural symbol that represents each country and the meanings they each imply. (☞『이화 한국어 5』 Track 42)

Answers

(1) ④ 발표자들은 자국의 문화 상징에 대해 조사한 내용을 말하고 있다. 수진은 한국의 '태권도', 메이닝은 중국의 '용', 엘레나는 러시아의 '마트료시카'에 대해서 발표하고 있다.

(2) ④ 태권도는 다른 무술과는 달리 공격보다 방어를 우선시한다. 이를 통해 평화를 존중하는 정신이 담겨 있음을 알 수 있다.

(3) ② 중국의 상징으로 여기는 용은 실제로 존재하지 않는 상상 속의 동물로 중국에서는 용을 매우 신성하게 여겼다.

Vocabulary & Expression

한국 음식 하면 김치가 생각나다	One cannot think of Korean food without remembering kimchi

It means that when you listen to the word Korean food, the first thing that comes to your mind is kimchi. When talking about what is associated regarding a certain word, you can use **N 하면 N이/가 생각나다**. **생각나다** can be replaced with **떠오르다**.

ex A: 사오리 씨, 어떤 음식이 한국 음식을 대표한다고 생각해요?
B: 저는 한국 음식 하면 불고기가 제일 먼저 생각나요. 제가 제일 좋아하는 음식이기도 해요.

ex A: 한글 하면 무엇이 가장 먼저 생각나나요?
B: 한글 하면 가장 먼저 떠오르는 것은 세종대왕이에요.

조사는 설문 형식으로 진행되다	The survey is conducted through questionnaires

형식 means a certain procedure or format of performing a task. Therefore, **조사는 설문 형식으로 진행되다** indicates that the method through which the survey was carried out was questionnaires. The phrase can be used with words representing survey methods such as **인터뷰, 관찰, 문헌 조사**, etc.

ex A: 교수님, 먼저 이번 조사는 어떤 방식으로 이루어졌는지 설명해 주시지요.
B: 네. 이번 조사는 한국에서 거주하는 외국인을 대상으로 인터뷰와 설문 형식으로 진행되었습니다.

ex 이 영화는 인터뷰 형식으로 진행되었다는 점에서 신선하다는 평가를 받고 있다.

예상과는 달리	contrary to one's expectations

예상 means thinking ahead or predicting. Therefore, **예상과는 달리** is used when a certain result is different from what was expected.

ex A: 루이 씨, 기말시험 잘 봤어요? 어렵게 나올 거라는 소문 듣고 걱정 많이 했잖아요.
B: 헛소문이었던 것 같아요. 이번 기말시험은 예상과는 달리 쉽게 출제돼서 중간시험보다 성적이 더 좋을 것 같아요.

ex A: 김 기자! 태풍 소식을 전해 주시지요.
B: 네, 예상과는 달리 태풍이 우리나라 쪽으로 방향을 틀어 오늘 밤부터 태풍의 영향권에 들겠습니다. 피해가 없도록 만반의 준비를 하시기 바랍니다.

Grammar Focus

−(으)면 몰라도 is used to hypothesize a situation that is contrary to the present state or has not happened yet, in which case the situation in the following clause is feasible only when the conditions of the hypothesis are met. It is used with an adjective or verb, while (이)면 몰라도 is used with a noun.

Basic form	−(으)면 몰라도	−았/었으면 몰라도
비싸다	비싸면 몰라도	비쌌으면 몰라도
좋다	좋으면 몰라도	좋았으면 몰라도
가다	가면 몰라도	갔으면 몰라도
받다	받으면 몰라도	받았으면 몰라도
만들다	만들면 몰라도	만들었으면 몰라도
있다	있으면 몰라도	있었으면 몰라도
휴일이다	휴일이면 몰라도	휴일이었으면 몰라도

ex A: 엘레나 씨, 이번 방학 때도 고향에 다녀올 거예요?
B: 아니요. 이번 방학에는 한국에 있을 거예요. 가까우면 몰라도 한국에서 러시아까지는 너무 멀어서 방학 때마다 갈 수는 없어요.

ex A: 이번 학기에 성적이 좋았는데 간발의 차이로 장학금을 못 받게 됐어요. 장학금을 받아서 부모님을 기쁘게 해 드리고 싶었는데 정말 아쉽네요.
B: 성적이 안 좋았으면 몰라도 성적이 좋았는데 장학금을 못 받아서 많이 속상했겠어요. 그래도 또 기회가 있으니까 다음 학기에 도전해 보세요.

ex A: 선생님, 수술 말고 다른 방법은 없을까요?
B: 당장 신약이 개발되면 몰라도 새로운 약이 개발되지 않는다면 지금은 수술이 최선입니다.

ex A: 부산에 가려고 하는데 차를 빌려서 갈지 기차를 타고 갈지 고민하고 있어요.
B: 한국에서 운전하는 게 능숙하면 몰라도 그렇지 않다면 기차를 타는 게 좋지 않을까요?

ex A: 메이닝 씨에게 이번 말하기 대회에 나가 보라고 권유를 하고 싶은데 김 선생님은 어떻게 생각하세요?
B: 메이닝 씨가 지난 학기에 비해서 한국어 실력이 크게 향상되었으면 몰라도 그렇지 않다면 무리일 것 같아요.

ex A: 이 음식을 다 먹을 자신이 있으면 몰라도 다 못 먹을 것 같으면 덜어 놓고 먹는 게 어때요?
B: 네, 덜어 놓고 먹는 게 좋겠네요.

ex A: 어제 본 공연 어땠어? 괜찮았어?
B: 솔직히 별로였어. 공짜면 몰라도 돈 내고 보기는 아깝더라.

ex 많은 사람들은 평일이면 몰라도 주말에는 남의 집 방문을 꺼린다.

Focus Plus

- –(으)면 몰라도 can be used with the verb 모르다 in the idiomatic expression 모르면 몰라도. This phrase means it is not absolutely definite but almost certain.

  ex A: 처음 인천 공항에 왔을 때 공항의 규모도 크고 시설도 좋아서 깜짝 놀랐던 기억이 있어요.
  B: 모르면 몰라도 앞으로 인천 공항은 세계 최고의 공항으로 발전할 거예요.

  ex A: 김유나 선수가 부상을 당한 후 계속 경기에 나오지 못하고 있네. 올림픽이 코앞이라 빨리 나아야 할 텐데.
  B: 모르면 몰라도 본인이 제일 속이 탈 것 같아. 마음처럼 되지 않으니 얼마나 힘들겠어.

- –(으)면 몰라도 and –ㄴ/는다면 몰라도 are interchangeable. However, –ㄴ/는다면 몰라도 has a stronger sense of assumption and is used to assume situations where the content of the following clause is difficult to achieve.

  ex A: 김 대리, 오늘까지 내가 지시한 사항 다 끝낼 수 있겠어요?
  B: 부장님, 어려울 것 같습니다. 시간이 멈춘다면 몰라도 짧은 시간 안에 이 일을 다 해내는 것은 불가능합니다.

  ex A: 마라톤 대회에 나가셨다면서요? 완주하셨어요?
  B: 아니, 완주하고 싶었는데 도저히 못 하겠더라고. 20대라면 몰라도 60대인 내 나이에 완주하는 게 생각같이 쉽지 않더라고.

Answers

① A: 회사를 그만둘까 해요.
B: 새로운 직장을 구했으면 몰라도 섣불리 회사를 그만두었다가는 후회하지 않을까요?

② A: 마라톤에 도전할까 해요.
B: 평소에 운동을 많이 한 사람이면 몰라도 갑자기 심한 운동을 하면 건강에 무리가 가지 않을까요?

③ A: 아이를 해외로 유학 보낼까 해요.
B: 아이의 나이가 많으면 몰라도 어릴 때 유학 가는 것은 정서에 안 좋지 않을까요?

④ A: 우리 부서에서 새로운 프로젝트를 진행할까 해요.
B: 다른 부서와 손을 잡으면 몰라도 우리 부서 인원만으로는 부족하지 않을까요?

Grammar Focus

–(으)ㄴ 나머지 indicates a consequence that has resulted from doing a certain action or reaching a certain state. It is mostly used when an action or situation of the preceding clause has been achieved to an excessive degree, resulting in a negative consequence. It is used with an adjective or verb, while 인 나머지 is used with a noun.

Basic form	–(으)ㄴ 나머지	Basic form	–(으)ㄴ 나머지
바쁘다	바쁜 나머지	굶다	굶은 나머지
깊다	깊은 나머지	만들다	만든 나머지
놀라다	놀란 나머지	적극적이다	적극적인 나머지

ex A: 손 선수가 또 부상을 입었다면서요?
B: 저도 뉴스에서 봤어요. 마음이 급한 나머지 완치가 되기도 전에 운동을 다시 시작했다가 또 부상을 당했대요.

ex A: 새로 산 컴퓨터 어때요? 괜찮아요?
B: 네. 기능은 정말 좋더라고요. 그런데 기능에만 충실한 나머지 디자인에 신경을 안 써서 모양이 좀 별로예요.

ex A: 새로 당선된 서울 시장은 어린 시절 너무 가난한 나머지 학교를 그만둘 수밖에 없었대요.
B: 저도 그 이야기 들었어요. 낮에는 일하고 밤에는 공부하면서 검정고시에 합격했대요. 정말 대단한 사람이지요?

ex A: 김 기자, 소비자들 불만이 왜 저렇게 많습니까?
B: 회사에서 물건을 많이 파는 데에만 급급한 나머지 환불이나 교환에 대해서는 소극적이었기 때문입니다.

ex A: 가수 유승민 씨 소식 들었어요? 요즘 신문, 뉴스에서 유승민 씨의 도박 이야기로 무척 시끄럽잖아요.
B: 네. 저도 들었어요. 도박에 빠진 나머지 집도 가족도 모두 잃었다면서요?

ex A: 사라 씨, 왜 이렇게 전화를 늦게 받아요?
B: 미안해요. 자고 있었어요. 깊이 잠든 나머지 전화 소리를 못 들었어요.

ex 요즘 드라마를 통해 큰 인기를 끌고 있는 배우 김유미 씨가 매일 밤샘 촬영으로 과로한 나머지 병원에 입원했다고 합니다.

ex 그 영화 평론가는 영화를 평가하는 기준이 너무 주관적인 나머지 사람들에게 신뢰를 받지 못하고 있다.

Focus Plus

- –(으)ㄴ 나머지 cannot be used in imperative or propositive sentences.

  ex 너무 배가 부른 나머지 음식을 다 먹지 못하고 남길 수밖에 없었다. (○)
  너무 배가 부른 나머지 음식을 다 먹지 않고 남기세요. (×)

  ex 날씨가 너무 더운 나머지 하루 종일 에어컨을 켤 수밖에 없었다. (○)
  날씨가 너무 더운 나머지 하루 종일 에어컨을 켭시다. (×)

- –(으)ㄴ 나머지 can be replaced with –(으)ㄴ 결과. However –(으)ㄴ 나머지 is used only in a negative sense and can be used with an adjective or verb, whereas –(으)ㄴ 결과 can be used in both negative and positive contexts and is used with a verb only.

  ex A: 민호 씨는 머리가 좋은 학생인데 왜 대학 입학시험에 떨어졌을까요?
  B: 아무리 머리가 좋아도 노력을 하지 않으면 좋은 결과가 안 나오지요. 평소에 공부는 안 하고 <u>놀기만 한 나머지</u> 결국 대학 입학시험에 떨어진 거예요.
  (= 놀기만 한 결과)

  ex A: 메이닝 씨가 한국어능력시험 5급에 합격했다면서요? 정말이에요?
  B: 네. 한국어능력시험을 위해서 열심히 공부한 결과 5급에 합격하게 되었대요. (○)
  네. 한국어능력시험을 위해서 열심히 공부한 나머지 5급에 합격하게 되었대요. (×)

Answers

① A: 엘레나 씨가 다리를 삐었다면서요?
B: 네. 수업 시간에 늦지 않으려고 서두른 나머지 발을 헛디뎌서 넘어졌대요.

② A: 루이 씨가 불면증으로 고생한다면서요?
B: 네. 취업 문제로 스트레스가 심한 나머지 밤에 잠을 이루지 못한대요.

③ A: 사오리 씨가 입사 시험에 떨어졌다면서요?
B: 네. 면접관의 질문에 당황한 나머지 제대로 답을 못했대요.

④ A: 사라 씨가 어제 친구 집에서 잤다면서요?
B: 네. 룸메이트와 싸워서 화가 머리끝까지 난 나머지 기숙사를 나와 버렸대요.

밥을 통해 본 한국 문화를 소개하는 설명문 읽기 p.117

Vocabulary & Expression

맛있게 먹기 위한 것일 뿐이다 | **It is only intended to have food tastier**

This expression states that the subject has no other conditions or reasons than to make the meal tastier. –(으)ㄹ 뿐 is used to state that the subject only performs a particular action or only has a particular purpose.

ex 바닷가 근처까지 가서 회를 먹는 이유는 신선한 회를 맛있게 먹기 위한 것일 뿐 다른 이유는 없다.

ex 할아버지께서는 가만히 앉아만 계실 뿐 하루 종일 말 한마디 하지 않으셨다.

가족의 안녕을 빌다 | **to wish for the well-being of a family**

안녕 means being comfortable without any trouble. Therefore, this expression means to pray for a family not to get in any trouble.

ex 새해 첫 날, 바다를 찾은 나는 떠오르는 해를 보며 가족과 친구들의 안녕을 빌었다.

밥과 관련된 표현들도 적지 않다 | **There are quite a few expressions that are related to rice**

In order to show that the subject is not of a small number or small amount, you can use N도 적지 않다. Therefore, 밥과 관련된 표현들도 적지 않다 indicates that there are quite a few expressions related to rice.

ex 쌀을 주식으로 하는 나라의 언어에는 밥과 관련된 표현들도 적지 않다.

ex 잦은 지각과 결석으로 진급을 하지 못한 학생들도 적지 않다.

Reading Guide

This passage explains about Korean rice culture. Read carefully for how the lives of Korean people are closely connected to rice and for the various expressions that are related to rice. (☞『이화 한국어 5』 p.118)

Answers

(1) ① 이 글의 중심 내용은 4단락에 나와 있다.

(2) '밥심으로 살다'는 '밥을 먹은 힘으로 살아가다'는 의미이며 '밥줄이 끊어지다'는 '직장을 잃다'를 뜻한다. '밥숟가락을 놓다'는 '죽음'을 의미하며 '밥숟가락이 하나 늘다'는 '가족이 늘다'를 뜻한다.

(3) ③ 밥에 대한 한국 사람의 생각은 2단락에 나와 있다.

(4) ① 네 ② 네 ③ 네
한국인들은 매년 햅쌀로 제사를 지내며 사람이 죽으면 저승까지 가면서 먹으라는 의미로 입 안에 쌀을 넣어 준다. 또한 밥과 관련된 표현들은 한국 사람들의 생각을 잘 보여 준다.

Vocabulary Expansion

밥상을 차리다 to set the table for a meal

Here, 차리다 indicates that you prepare food and put it on the table.

ex 매일 하루 세 끼 밥상을 차리는 것에 스트레스를 받는 주부들이 많다.

ex 옛날 사람들은 잔칫상을 손수 차렸지만 요즘은 요리사를 집으로 불러서 잔칫상을 차리기도 한다.

기운을 차리다 to refresh oneself, to perk up

Here, 차리다 means to come to one's senses.

ex 대학 입학시험에 떨어져서 속상하겠지만 얼른 기운을 차리고 다시 열심히 공부하세요.

ex 한 달 동안 감기가 낫지 않아 약을 달고 살았더니 약 기운에 정신을 차릴 수가 없다.

격식을 차리다 to be in a formal manner

Here, 차리다 indicates to behave in a polite and proper manner.

ex 중요한 파티나 모임과 같은 격식을 차려야 하는 자리에서는 옷차림에 더욱 신경을 써야 한다.

ex 지나치게 예의를 차리다 보면 서로의 솔직한 의견을 전달하기가 어려워 일을 망칠 수도 있어요.

눈치를 차리다 to take a hint

Here, 차리다 means to take a hint and get the message.

ex 엄마가 몰래 나가려고 하니까 아이가 눈치를 차리고 울기 시작했다.

ex 경찰은 범인의 수상한 낌새를 차리고 범인을 쫓기 시작했다.

가게를 차리다 to set up a store

Here, 차리다 means to start a business or work.

ex 오랫동안 시장 조사를 한 끝에 드디어 가게를 차리게 되었다.

ex 그는 평소의 소원대로 고향에 병원을 차려 꿈을 드디어 이루게 되었다.

실속을 차리다 to choose profit/substance over other things

Here, 차리다 means to pursue one's profit first.

ex 이기적인 사람은 자기 실속만 차리고 남을 배려하는 마음이 전혀 없는 사람을 말한다.

ex 자기 욕심만 차리는 사람은 결국 성공하지 못할 것이다.

p.125

Proverb

호랑이도 제 말 하면 온다

This saying means that even a tiger will appear when it is talked about, equivalent to English's 'speak of the devil and he shall appear'. This proverb is used when a group of people talk about a person and the person shows up at the very moment. It means that one should not talk behind someone's back.

ex 호랑이도 제 말 하면 온다더니 사라 씨 얘기를 하고 있었는데 그때 사라 씨가 교실로 들어왔다.

닭 잡아먹고 오리발 내민다

It means that you play innocent when caught red-handed as if sticking out a flipper after you butcher and eat chicken. This proverb speaks of people who do wrong but then try to cover up the situation by fooling others.

ex 닭 잡아먹고 오리발 내민다고 옆집 사람은 불법 주차를 하고도 하지 않았다며 오히려 증거 자료를 내 놓으라고 소리쳤다.

서당 개 삼 년에 풍월을 읊는다

If a dog at a village school listens to the students reading books everyday for three years, even it may be able to recite the verses. This proverb indicates that even a person without any knowledge or experience can achieve a certain level of skill if he or she stays in a certain field long enough.

ex 사라 씨는 일본어를 배운 적이 전혀 없는데 서당 개 삼 년에 풍월을 읊는다고 일본 친구들과 어울리더니 간단한 일본어는 할 수 있게 되었다.

Answers

3. (1) 서당 개 삼 년에 풍월을 읊는다
   A: 루이 씨, 지금 우리가 한 중국어를 알아들은 거예요?
   B: 네. 정확하게는 아니지만 무슨 얘기를 하는지는 대충 이해했어요.
   A: 루이 씨는 중국어를 전혀 못했었잖아요. 어떻게 된 거예요?
   B: 서당 개 삼 년이면 풍월을 읊는다는 말이 있잖아요. 중국인 룸메이트와 2년을 넘게 살다 보니 중국어를 어느 정도 할 수 있게 되었어요.

   (2) 호랑이도 제 말 하면 온다
   A: 수진아! 무슨 일 있어? 표정이 어두워 보여.
   B: 아니. 남자 친구 때문에 화가 나서 그래. 글쎄 요즘 바쁘다는 핑계로 연락도 뜸하고 걸핏하면 약속 시간에 늦는 거 있지.
   C: 저기 네 남자 친구 온다. 호랑이도 제 말 하면 온다고 하더니 그 말이 맞네.

   (3) 닭 잡아먹고 오리발 내민다
   A: 어! 여기 있던 케이크 못 봤어? 오늘 친구 생일 선물로 사 둔 건데 없어졌어.
   B: 케이크? 나는 못 봤는데 잘 찾아봐.
   A: 잠깐! 닭 잡아먹고 오리발 내민다더니 네 입에 묻은 크림이나 닦고 시치미 떼! 네가 먹었지?

Vocabulary Check

Part 1 준비합시다 01

- 우열을 가리다 — to tell which of the two is better, to determine which one is better
- 활성화되다 — to be revitalized, to be activated, to be revived up
- 실버산업 — silver industry

Part 1 들어 봅시다

- 상징 — symbol, icon
- 존중하다 — to respect
- 무술 — martial arts
- 채택되다 — to be adopted, to be selected
- 방어하다 — to defend
- 공격하다 — to attack, to assault
- 재물을 부르다 — to attract wealth
- 장수 — long life, longevity
- 기원하다 — to wish, to pray
- 사상 — thought, idea, ideology
- 평화 — peace
- 신성시하다 — to regard as sacred
- 농촌 — farm village
- 아낙네 — womenfolk
- 풍요 — abundance, affluence
- 다산 — fertility

Part 1 말해 봅시다

- 대상 — object, target
- 형식 — form, formality
- 보시다시피 — as you can see
- 예상 — expectation, forecast

Part 2 준비합시다 01

- 궂다 — to be bad, to be undesirable, to be nasty
- 무리하다 — to overdo oneself
- 섣불리 — carelessly, thoughtlessly
- 손을 잡다 — to hold hands
- 인원 — the number of people

Part 2 준비합시다 02

- 엉뚱하다 — to be unexpected, to be far off the mark, to be extravagant
- 게 눈 감추듯이 (먹다) — gulping down food, eating up in no time, eating greedily
- 허겁지겁 — in a rush, hurriedly, hastily
- 삐다 — to sprain, to twist

Part 2 읽어 봅시다

- 밥벌이 — living, job
- 밥줄 — source of income
- 밥심 — energy achieved from eating rice
- 고온 다습하다 — to be of high temperature and high humidity
- 기후 — climate, weather
- 주식 — staple food
- 부식 — side dish, dishes other than the staple food
- 매끼 — every meal
- 곁들이다 — to add, to accompany, to garnish
- 허전하다 — to feel empty, to be lonesome

- 햅쌀 freshly harvested rice
- 항아리 pot, jar
- 중시하다 to take something seriously, to think much of
- 톨 grain of rice
- 깨작거리다 to nibble at, to pick at
- 모유를 떼다 to wean a baby off breast feeding
- 이유식 weaning food, baby food
- 미음 thin rice gruel
- 저승 the land of the dead, the next world, the other world
- 불리다 to soak

Part 2 써 봅시다

- 문화권 cultural zone/area
- 새삼 anew, yet again

Part 3 토론해 봅시다

- 계승 taking over, succession
- 퓨전 fusion
- 재창조하다 to recreate, to reinvent
- 깃들다 to indwell, to nestle in
- 대대손손 generation after generation
- 접목하다 to engraft
- 기호 taste, preference
- 맥이 끊기다 to be disconnected

Topic Vocabulary

Traditional Culture

- 전통문화가 전해 내려오다 traditional culture has been handed down from one generation to the next
- 전통문화를 이어 오다 to maintain a cultural tradition, to keep a cultural tradition unbroken
- 전통문화를 전수받다 to acquire/learn a cultural tradition
- 전통문화의 명맥을 잇다 to maintain the existence of traditional culture, to keep traditional culture alive

 p.128

Grammar Focus

(이)야말로 is used to further emphasize or to confirm what something really is. It is a particle that indicates that the subject really is a good example of what the speaker is talking about. It is attached to a noun.

Noun	(이)야말로	Noun	(이)야말로
신뢰	신뢰야말로	환경	환경이야말로
어머니	어머니야말로	자신감	자신감이야말로

ex A: 교수님, 이번 연구가 성공적으로 마무리되었는데요. 연구팀에서 누구의 역할이 컸다고 생각하십니까?
B: 모두 열심히 했지만 김수민 교수의 공이 제일 큽니다. 김 교수야말로 우리 연구팀에서 없어서는 안 될 사람이었지요.

ex A: 형! 방이 왜 이렇게 지저분해? 청소 좀 하고 살아.
B: 나한테 뭐라고 하지 말고 너야말로 네 방이나 청소하는 게 어때? 네 방이 훨씬 더럽거든.

ex A: 부장님, 행사가 무사히 잘 끝나서 다행입니다. 그동안 행사 준비하시느라 힘드셨지요?
B: 힘들긴요. 다른 직원들이 고생을 많이 했지요. 지은 씨야말로 수고가 많았어요. 오늘은 일찍 들어가서 쉬도록 하세요.

ex A: 민우 씨, 조선 시대에 많은 왕이 있었잖아요. 그중에서 한국 사람들에게 가장 존경받는 왕은 누구예요?
B: 세종대왕이야말로 한국인들이 가장 위대하다고 생각하는 왕이죠.

ex A: 요즘 사람들이 건강하게 오래 사는 것에 대해 관심이 많은데요. 어떻게 하면 무병장수를 할 수 있을까요?
B: 건강을 위해 몸에 좋은 음식을 찾아 먹는 것도 중요하지만 규칙적인 생활이야말로 최고의 장수 비결입니다.

ex A: 대학생들이 가장 닮고 싶어 하는 경영인으로 뽑히셨지요? 미래의 기업 경영인을 꿈꾸는 청년들에게 한 말씀 해 주시지요.
B: 창의적인 사고를 가지고 일을 추진하는 하는 것이야말로 미래의 경영인에게 반드시 필요한 자세라고 할 수 있습니다.

ex A: 김 기자, 요즘 자기 집을 마련하려는 사람들이 많다면서요?
B: 그렇습니다. 전문가들은 지금이야말로 집을 구입할 최적의 시기라고 조언합니다.

ex 실패를 두려워하지 않는 태도야말로 성공을 향해 가는 사람이 마땅히 갖추어야 하는 것이다.

ex 아이들을 위험한 환경에서 보호하는 일이야말로 밝은 미래를 위해 우리들이 해야 하는 가장 중요한 일이다.

Focus Plus

- 그야말로 is an adverb that emphasizes what the speaker is about to convey. It has a similar meaning with 가장, 참으로, or 사실 그대로.

  ex A: 선배로서 후배들에게 학교에 대해 한 말씀 해 주시겠습니까?
  B: 우리 학교는 그야말로 한국에서 가장 훌륭한 학교라고 해도 과언이 아닙니다.

  ex A: 이번 영화제에서는 영화 〈우리〉가 대상을 수상했지요?
  B: 네. 그렇습니다. 이 영화는 감독의 뛰어난 연출력을 보여 주는 그야말로 올해 최고의 작품이라고 할 수 있습니다.

- 이야말로 indicates that the content of the preceding sentence is the same as what follows next. It is an adverb used to emphasize the previously mentioned fact.

  ex 가족들끼리도 서로의 말을 경청하는 자세를 가져야 한다. 이야말로 가정의 화목을 위해 꼭 필요한 것이다.

  ex 평소에 연락을 하지 못하고 지냈던 사람들도 명절이 되면 서로의 안부를 묻는다. 이야말로 마음을 전하는 좋은 방법이다.

- (이)야 is a particle that is similar to (이)야말로 and is used to emphasize what was mentioned before. (이)야 is usually used to emphasize what is contrasting or to indicate what is not very important.

  ex A: 모두 시험 때문에 스트레스를 받는다는데 나는 이상하게 별로 긴장이 안 돼.
  B: 너야 그동안 공부를 많이 해 두었으니까 마음에 여유가 있겠지. 나는 너무 떨려.

  ex A: 너에 대해 안 좋은 소문이 돌던데 너 진짜 실수한 거 없어?
  B: 나는 정말 잘못이 없어. 다른 사람이야 어떻게 말하든지 상관없었는데 네가 그렇게 나를 의심하니까 좀 섭섭하다.

Answers

① A: 스마트 기술이 추구하는 것은 무엇이라고 생각하십니까?
B: 인간 중심의 생활 환경 구현이야말로 스마트 기술이 추구하는 것이지요.

② A: 건축에서 가장 중요한 것은 무엇이라고 생각하십니까?
B: 건축물과 주변 환경의 조화야말로 건축에서 가장 중요한 것이지요.

③ A: 건강한 다이어트를 위해서 필요한 것은 무엇이라고 생각하십니까?
B: 지속적인 운동과 식이 요법이야말로 건강한 다이어트를 위해서 꼭 필요한 것이지요.

④ A: 환경 보호를 위해 우리가 잊지 말아야 할 것은 무엇이라고 생각하십니까?
B: 환경은 나만의 것이 아니라는 생각이야말로 환경 보호를 위해 우리가 잊지 말아야 할 것이지요.

Vocabulary & Expression

선택의 여지가 없다	to have no choice in the matter

여지 is the possibility that someone might do something or something might happen. Therefore, 선택의 여지가 없다 indicates a situation in which one cannot make any other choice. It is used in the form of N의 여지가 없다 and can be used with words such as 변명, 개선, 반론, 의심.

ex 입사 원서를 낸 다른 회사에서는 모두 연락이 오지 않아서 선택의 여지가 없이 지금 이 회사에 다니게 되었다.

ex 현재까지 알아낸 정보에 의하면 그가 범인이라는 사실에 의심의 여지가 없습니다.

나 하나쯤이야	One person would not make a difference

This expression means that one person would not make a big difference no matter what s/he does. It can be used with expressions such as –아/어도 괜찮다/되다/상관없다.

ex 오늘 모임에는 많은 사람들이 올 테니까 나 하나쯤이야 안 가도 될 것 같다.

보는 사람으로 하여금	to make the watcher do something

This expression means that the subject of the previous clause causes someone who is watching an object or phenomenon to perform an action, which is indicated in the following clause. 하여금 means making someone do, and usually is followed by –게 하다.

ex 이 영화는 영화를 보는 사람으로 하여금 진정한 사랑에 대해 생각하게 한다.

ex 그는 나로 하여금 언제나 평안한 마음을 갖게 해 준다.

Listening Guide

These campaigns inform people of the seriousness of environmental issues and urge them to change their behavior. Listen carefully for the ideas that three campaigns are trying to tell us. (☞『이화 한국어 5』 Track 50)

Answers

(1) ④ 물 부족, 공기 오염, 쓰레기 문제의 심각성을 알리는 캠페인이다.

(2) 교재 정답 p.207 참고

(3) ④ 식수로 사용 가능한 물은 전체의 1%이고 현재 물 부족 국가는 25개이다. 그리고 산을 찾는 등산객들은 끊이지 않고 있다.

Vocabulary & Expression

별 생각 없이 | **without putting much thought to it**

별 means special and not ordinary. Therefore, 별 생각 없이 indicates behaving without much thought. The structure 별 N 없이 can also be used with words such as 의미, 뜻, and 마음.

ex A: 저는 별 생각 없이 친구들하고 밥 먹으러 가기 귀찮다고 말했는데 친구들이 화를 내더라고요.
B: 듣기에 따라서는 친구들이 오해를 할 수도 있을 것 같은데요.

ex A: 아까 루이 씨가 저한테 한 그 말이 무슨 뜻이에요?
B: 아, 별 의미 없이 한 말이니까 마음에 담아 두지 마세요.

하게 되는 거 있지요 | **I just naturally came to do it**

The atmosphere of this expression is gentle and friendly. -(으)ㄴ/는 거 있지요 is used to emphasize the previously mentioned content and to make it sound friendly, gentle, and familiar.

ex A: 시험공부는 하나도 안 했는데 벌써 내일이 시험이네요.
B: 저도 항상 공부를 미리 해 두어야지 하는데도 꼭 시험 전날 하게 되는 거 있지요.

ex A: 제주도 여행은 잘 다녀왔어요?
B: 네. 정말 좋았어요. 아직도 경치가 눈에 선한 거 있지요.

부득이한 경우가 아니라면 | **if it is not unavoidable**

부득이하다 means that a person has to forcibly do something because of the situation. 부득이한 경우가 아니라면 indicates an intention of telling the listener to do something if the person is not pressured into it. It can be used with expressions such as 되도록, 될 수 있는 한, and 될 수 있는 대로 behind it.

ex A: 시간도 없는데 이번 동창회에 꼭 가야 할까요?
B: 이번에 동창회장을 뽑는 투표를 한대요. 그래서 부득이한 경우가 아니라면 꼭 참석해 달라고 하더라고요.

ex A: 부장님, 이 사업 계획서대로 일을 진행하는 것이 조금 어려울 것 같습니다.
B: 그래도 부득이한 경우가 아니라면 되도록 결정한 대로 사업을 추진해 봅시다.

Grammar Focus

-기 나름이다 indicates that depending on how a person does a certain thing, the result might be different. It is used with verbs. It is a combination of -기, which nominalizes verbs, and 나름, a dependent noun. As such, 나름 itself can be used in a N 나름이다 structure. There are also occasions where -(으)ㄹ 나름이다 is used.

Basic form	-기 나름이다	Basic form	-기 나름이다
느끼다	느끼기 나름이다	읽다	읽기 나름이다
노력하다	노력하기 나름이다	살다	살기 나름이다

ex A: 대만에서 6개월 동안 살게 되었는데 한 달 생활비는 얼마 정도 들까요?
B: 글쎄요. 한국에서 살 때와 비슷하게 들겠지만 돈은 쓰기 나름이지요.

ex A: 이번 실험에서도 원하던 결과가 안 나왔습니다. 정말 힘드네요.
B: 모든 일은 다 생각하기 나름입니다. 이번 실패의 원인을 알면 다음에는 성공할 수 있을 겁니다.

ex A: 도자기 모양은 사람마다 만들기 나름이니까 다들 개성을 살려서 형태를 구상해 보세요.
B: 선생님 말씀을 들으니까 떠오르는 아이디어가 하나 있네요!

ex A: 한국 드라마를 보면 보통 시어머니들이 조금 무섭던데 진짜 그래요?
B: 아니에요. 시어머니 나름이지요. 저희 어머님은 저한테 친정 엄마처럼 잘 대해 주시는걸요.

ex A: 한국에서 취업하기는 하늘의 별 따기인 것 같아요.
B: 그렇지 않아요. 다 자기가 할 나름이지요. 제 친구는 열심히 준비하더니 취직했어요.

Focus Plus

- 나름 can also indicate a subject's unique method, personality, or state. It is usually used in the form of 나름대로 or 나름의.

ex A: 어머, 직접 만드신 음식이에요? 정말 맛있겠어요.
B: 제 나름대로 개발한 요리법으로 만든 거예요. 맛은 어떨지 잘 모르겠지만 한번 드셔 보세요.

ex A: 선생님, 시험을 잘 보려면 어떻게 공부해야 할까요?
B: 사람마다 자기 나름의 공부 방법이 있잖아요. 우선 메이닝 씨의 공부 방법을 말해 보세요.

Answers

① A: 저는 깨끗한 피부를 갖고 싶은데요. 어떻게 하면 깨끗한 피부를 가질 수 있을까요?
B: 사오리 씨가 관리하기 나름이에요. 그러니까 세안과 기초화장에 신경을 쓰도록 하세요.

② A: 저는 웃으면서 즐겁게 살고 싶은데요. 어떻게 하면 웃으면서 즐겁게 살 수 있을까요?
B: 사라 씨가 생각하기 나름이에요. 그러니까 모든 일을 긍정적으로 생각하도록 하세요.

③ A: 저는 원만한 인간관계를 맺고 싶은데요. 어떻게 하면 원만한 인간관계를 맺을 수 있을까요?
B: 젠하오 씨가 행동하기 나름이에요. 그러니까 늘 다른 사람에게 예의를 지키도록 하세요.

④ A: 저는 아이의 버릇을 잘 들이고 싶은데요. 어떻게 하면 아이의 버릇을 잘 들일 수 있을까요?
B: 엘레나 씨가 교육하기 나름이에요. 그러니까 어릴 때부터 하나씩 가르치도록 하세요.

Grammar Focus

(이)나마 indicates that a certain thing is good enough even though it seems somewhat lacking and not optimal. Since (이)나마 is a particle, it can be attached to a noun and also to other particles or adverb.

Noun	(이)나마	Adverb	(이)나마
의자	의자나마	편지로	편지로나마
잠깐	잠깐이나마	작게	작게나마

ex A: 어제 지은 씨가 구경하러 갔던 곳에는 차가 못 들어가는 좁은 골목길만 있었다면서요?
B: 네. 그래도 낡은 자전거나마 한 대 빌릴 수 있어서 다행이었어요. 하마터면 온종일 걸어 다닐 뻔했어요.

ex A: 오늘 시간이 없어서 밥도 못 먹고 과자로 대충 때웠어요.
B: 그래도 그거나마 먹어서 좀 낫겠네요. 저는 하루 종일 아무것도 못 먹었어요.

ex A: 사라 씨, 지난 학기에 같은 반이었던 친구들은 만났어요? 다들 바쁘다고 했었잖아요.
B: 네. 잠깐이나마 만날 수 있어서 정말 좋았어요.

ex A: 지난 10년간 보육원에서 봉사 활동을 하셨다고 들었습니다. 참 대단하시네요.
B: 대단하다니요. 저는 그저 제가 하고 싶은 일을 했을 뿐입니다. 아이들에게 조금이나마 도움이 되었기를 바랍니다.

ex A: 내일이 출장인데 숙소를 아직도 못 잡은 거예요?
B: 아니에요. 휴가철이라서 빈 방 찾는 게 힘들기는 했는데 방금 전에 작은 방이나마 구했으니까 걱정하지 마세요.

ex A: 우리가 회사에 건의한 일이 전부 받아들여지지는 않았다면서요?
B: 네. 그래도 일부나마 회사 정책에 반영되었으니 잘된 일이지요.

ex A: 멀리까지 저를 찾아왔는데 제가 다른 일 때문에 오래 이야기하지 못해서 미안해요.
B: 아닙니다. 제가 미리 약속도 안 하고 왔는걸요. 잠시나마 시간을 내 주셔서 정말 감사했습니다.

ex A: 고향에 돌아가면 우리 당분간은 못 만나겠다. 아쉬워서 어떡하지?
B: 당분간 얼굴은 못 보겠지만 문자 메시지로나마 자주 연락하면 되지 뭐. 잘 가고 고향에 도착하면 꼭 연락해.

ex A: 무조건 일을 오래 한다고 해서 업무를 많이 처리할 수 있는 것은 아니라고 생각합니다.
B: 그렇습니다. 업무 시간 중에 짧게나마 휴식을 취하면 더 능률적으로 일을 할 수 있는 것 같습니다.

ex A: 민우 씨는 어릴 적에 이 동네에서 살았었다고 했잖아요. 그때 기억이 나요?
B: 네. 잠깐 살았었는데도 아직도 그 당시의 이곳 풍경이 어렴풋이나마 기억나네요.

Focus Plus

- (이)나마 and (이)라도(See 『이화 한국어 3-1』 Chapter 7. p.139) both are used when having to choose the second best. They are sometimes interchangeable. However, whereas (이)라도 can be attached to an interrogative, (이)나마 cannot.

  ex 메이닝 씨가 와 달라고 하면 어디라도 갈게요. (○)
  메이닝 씨가 와 달라고 하면 어디나마 갈게요. (×)

  ex 공부하다가 궁금한 것이 있으면 언제라도 물어보세요. (○)
  공부하다가 궁금한 것이 있으면 언제나마 물어보세요. (×)

- There are other particles in Korean than (이)나마 which adds a special meaning. First of all, 만치 is similar to 만큼 indicating that the degree is quite similar to or the same as the previously mentioned word. Also, 마는 acknowledges the preceding statement while introducing the opposite idea to it. 마는 can be shortened as 만. Lastly, (이)란 is used to explain a certain object as the topic of the conversation or to emphasize it.

  ex A: 수영 실력이 좋아졌네. 예전에 비해서 많이 늘었는데?
  B: 그래? 하지만 아직 너만치 잘하려면 멀었어.

  ex A: 할아버지, 이번에 저희와 같이 해외여행 가요.
  B: 나도 가고 싶다마는 몸이 예전 같지 않아서 멀리 가기는 힘들단다.

  ex A: 김 교수님은 인생이 뭐라고 생각하세요? 시청자 여러분들께 한 말씀해 주시지요.
  B: 제가 80 평생을 살아 보니까 인생이란 여행과 같다는 생각이 듭니다. 살다 보면 설레는 일도 있고 어려운 일도 생기고요.

Answers

① A: 사오리 씨가 생일을 잊어서 섭섭했지요?
B: 네. 그래도 늦게나마 축하해 줘서 기뻤어요.

② A: 사람이 많아서 공연을 제대로 못 봤지요?
B: 네. 그래도 멀리에서나마 볼 수 있어서 좋았어요.

③ A: 부모님이 바쁘셔서 졸업식에 못 오셨지요?
B: 네. 그래도 동생이나마 와 주어서 고마웠어요.

④ A: 마틴 씨가 고향에 돌아가기 전에 못 만났지요?
B: 네. 그래도 전화로나마 이야기할 수 있어서 다행이었어요.

PART2 읽어 봅시다　자연에 대한 수필 읽기

p.135

Vocabulary & Expression

보잘것없이	insignificantly

This expression means that a state or action is insignificant enough to ignore. It is also used in its adjective form 보잘것없다.

ex 아이는 보잘것없이 초라한 행색을 하고 있었지만 매우 영리해 보였다.

ex 그는 몇 년째 병원 신세를 지고 있는 자신의 모습이 문득 보잘것없다고 느껴졌다.

권유에 못 이겨 따라나서게 되다	One could not resist persuasion and ended up following the other person

This expression means that someone else persuaded the speaker into doing something. N에 못 이겨 –게 되다 is used when you end up doing a certain action due to not being able to ignore someone else's persuasion and determination. Usually it is used with nouns such as 성화, 강요, 압력, 협박, 슬픔, and 분.

ex 나는 같이 쇼핑을 가자는 친구의 권유에 못 이겨 친구를 따라나서게 되었다.

ex 우리는 놀이공원에 가자는 아들의 성화에 못 이겨 집을 나서게 되었다.

눈이 딱 마주치다	to catch someone's eye

This expression means there was eye contact. 딱 is used to express the speaker coming across someone unexpectedly. 딱 can be used with words such as 마주치다, 마주서다, 만나다, and 부딪치다.

ex 공항으로 마중 나온 어머니와 눈이 딱 마주치자 나도 모르게 눈물이 났다.

ex 친구에게 아프다는 핑계를 대고 약속 장소에 안 나갔는데 그 친구를 길에서 딱 만나고 말았다.

Reading Guide

These are essays describing thoughts and feelings inspired by nature. While you read, pay attention to what kind of expressions the writers used to describe nature or their feelings.

(☞『이화 한국어 5』 p.136)

Answers

(1) ③　세 글 모두 자연을 통해 깨달은 점에 대해 쓴 글이다.

(2) 교재 정답 p.207 참고

(3) ① 아니요　　② 네　　③ 아니요
세 번째 글을 쓴 사람은 어머니의 사랑을 느꼈기 때문에 어머니께 다음에도 같이 오자고 말했다.

(4) 교재 정답 p.207 참고

p.142

Vocabulary Expansion

도둑이 들다 a thief broke into a place

Here, 들다 means to come or go inside from outside.

ex 밤사이 옆집에 도둑이 들어서 경찰이 주변을 조사하고 있다.

ex 방에 손님이 들자 여관 주인은 그제야 미소를 지었다.

단풍이 들다 leaves change color

Here, 들다 means for color, flavor, moisture, etc. to soak into something.

ex 빨갛고 노랗게 단풍이 든 설악산의 경치는 장관이었다.

ex 흰 옷을 파란 옷과 같이 빨았더니 흰 옷에 파란 물이 들었다.

가뭄이 들다 to have a drought

Here, 들다 indicates that a weather phenomenon or natural phenomenon occurs or takes place.

ex 섬 지역은 가뭄이 들어서 식수조차 구하기 어렵다고 한다.

ex 올해에는 농사짓기에 좋은 날씨 덕분에 전국적으로 풍년이 들었다.

정신이 들다 to come to one's senses

Here, 들다 means to recover one's consciousness or have a thought or feeling stirred up.

ex 그는 쓰러지고 세 시간이 지나서야 정신이 드는지 겨우 눈을 떴다.

ex 나는 그 사람과 마치 오래전부터 알고 지낸 듯한 느낌이 들었다.

습관이 들다 to become a habit

Here, 들다 indicates the body becoming accustomed to a certain habit or tendency.

ex 외국어 공부를 오래 하다 보니 모르는 단어를 보면 바로 사전을 찾는 습관이 들었다.

ex 우리 아이가 긴장을 하면 손톱을 깨무는 버릇이 들어서 걱정이에요.

편을 들다 to take sides

Here, 들다 indicates to do something for a person you stand up for.

ex 아버지와 어머니의 의견이 다를 때 나는 누구 편을 들어야 할지 모르겠다.

ex 지은 씨는 요즘 병원에 입원하신 할머니의 시중을 들고 있다.

산을 소재로 한 속담

p.143

Proverb

산 넘어 산이다

This proverb depicts a situation in which after scaling one mountain, there is another one just ahead, continuing the troubles. It means that even when you overcome a difficult task as big as a mountain, there is another waiting.

ex 산 넘어 산이라고 하더니 그는 어렵게 대학 총장으로 선출된 후 여러 갈등을 해결해야 할 상황에 놓이게 되었다.

금강산도 식후경이다

금강산 is a mountain located in the northern part of Gangwon-do and is famous for its beautiful scenery. Even such a beautiful mountain as 금강산 should be visited after you are done with your meal. Thus, this proverb indicates that when you feel starved, even the most entertaining and interesting activity will not be enjoyable.

ex 나는 여행을 가면 그 지역의 유명한 맛집부터 찾아간다. 금강산도 식후경이라는 말처럼 일단 배가 든든해야 경치도 눈에 들어오기 때문이다.

사공이 많으면 배가 산으로 간다

사공 is a person who steers a ship with a paddle. If there are many boatmen in a ship, each boatman might want to go in a different direction and eventually the boat will end up in the wrong place, like on a mountain. Thus, this proverb indicates that if many people insist on their arguments indiscreetly at the same time, things are not going to work out well.

ex 반 친구들과 연극을 보러 가기로 했다. 그런데 사공이 많으면 배가 산으로 간다고 서로 의견이 달라서 어떤 연극을 볼지 정하는 데 시간이 많이 걸렸다.

Answers

3. (1) 사공이 많으면 배가 산으로 간다
   A: 민우야, 지난주에 팀 과제 발표는 잘했어?
   B: 어휴, 사공이 많으면 배가 산으로 간다더니 팀원들이 서로 자기 말이 맞다고 싸우다가 발표 준비를 제대로 못했어. 결국 발표도 망쳤지.

   (2) 산 넘어 산이다
   A: 지은아, 취직 축하해. 정말 좋겠다. 이제는 마음 편히 좀 쉴 수 있겠네.
   B: 고마워. 그런데 이렇게 힘들게 취직한 지 얼마나 됐다고 다음 달에 회사에서 영어 시험을 본다는 거 있지. 정말 산 넘어 산이야.

   (3) 금강산도 식후경이다
   A: 이제 또 어디로 갈까요? 참, 여기 바닷가 일몰이 그렇게 아름답대요. 우리 해 지는 거 보러 가요.
   B: 좋아요. 그런데 사라 씨, 저녁을 먼저 먹고 가면 안 될까요? 금강산도 식후경이라고 하잖아요. 저 지금 배가 너무 고파서 걸을 힘도 없어요.

Vocabulary Check

Part 1 준비합시다 01

- 어리석다 to be foolish, to be silly
- 구현 realization, embodiment
- 식이 요법 restricted diet, diet therapy

Part 1 들어 봅시다

- 강수량 precipitation, amount of rainfall
- 사태 situation
- 무분별하다 to be thoughtless, to be indiscreet
- 멍들다 to get a bruise
- 경각심 self-awakening, alarm
- 민물 fresh water
- 치명적 fatal, deadly
- 유기농 식품 organic food
- 여지 room, leeway
- 지속적 continuous, lasting
- 발길 one's step
- 중턱 hillside, halfway up/down
- 더미 stack, pile

Part 1 말해 봅시다

- 매립장 landfill
- 포기 clump
- 불모지 wasteland, barrens
- 부지기수 countless, boundless, infinite
- 장바구니 shopping bag, shopping basket
- 습관을 들이다 to make a habit of

Part 2 준비합시다 01

- 감성적 sensitive, sentimental, emotional
- 세안 wash one's face
- 기초화장 skin care

Part 2 준비합시다 02

- 위안이 되다 to find consolation, to be comforting
- 엎드리다 to face down, to lie on one's face
- 개운하다 to be refreshing, to feel refreshed

Part 2 읽어 봅시다

- 현장 construction site
- 둥지 nest
- 알을 품다 to sit on an egg, to incubate
- 어미 mother animal
- 경계 watch, vigilance, keeping an eye on
- 낙심하다 to be let down, to be disappointed
- 아름드리나무 large trees, tree measuring more than the both arms' span around
- 흥얼거리다 to sing to oneself, to hum
- 거대하다 to be giant, to be massive
- 광경 scene, view
- 기세 spirit, force
- 집어삼키다 to gulp down, to swallow
- 온갖 all sorts of, each and every
- 노여움 anger, rage
- 보잘것없다 to be worthless, to be trivial
- 철학 philosophy
- 한결 noticeably, much more

- 형언하다　to describe, to express with words
- 정화시키다　to purify
- 끈질기다　to be persistent, to be unyielding
- 터벅터벅　trudging along
- 눈이 마주치다　to make eye contact
- 눈에 들어오다　to be within sight, to catch a glimpse

Part 2 써 봅시다

- 연년생　born year after year
- 한바탕　a burst of, a gust of, a bout of
- 고집을 꺾다　to yield to another's will
- 동거　living together, cohabitation
- 보살피다　to look after, to take care of
- 으르렁대다　to growl, to roar
- 털어놓다　to confess

Part 3 토의해 봅시다

- 폐수　waste water, liquid waste
- 산업 폐기물　industrial waste
- 감시하다　to watch, to keep an eye on
- 방지　prevention, stopping
- 협력　cooperation, collaboration
- 애쓰다　to make efforts
- 이면지　reusable paper, scrap paper
- 형광등　fluorescent light

Topic Vocabulary

Environment

- 대기 오염　air pollution
- 수질 오염　water pollution
- 토양 오염　soil pollution
- 해양 오염　sea contamination

PART1 준비합시다 01 • –아/어 대다

p.146

Grammar Focus

–아/어 대다 indicates that a person continues to repeat a certain action quite severely. It usually has a negative connotation and is used with a verb. It can be used with words such as 계속, 자꾸, 함부로, 막, 마구, etc.

Basic form	–아/어 대다	Basic form	–아/어 대다
우기다	우겨 대다	웃다	웃어 대다
먹다	먹어 대다	떠들다	떠들어 대다

ex A: 집에 무슨 운동화가 이렇게 많아요?
B: 남편이 신상품만 나왔다 하면 무조건 사 대서 그래요. 신발장이 꽉 차서 둘 데가 없어요.

ex A: 오늘 날씨가 너무 더워서 하루 종일 아이스커피를 마셔 댔더니 배가 살살 아프네.
B: 조심해. 여름철에 덥다고 차가운 음료수만 마셔 대면 배탈이 나기 쉬워.

ex A: 어제 영화 재미있게 잘 봤어?
B: 아니. 제대로 못 봤어. 같이 간 친구가 무섭다고 호들갑을 피워 대서 정신이 하나도 없었어.

ex A: 김 과장, 담배를 피워 댄다고 문제가 해결되는 것은 아니니까 빨리 대책을 세우도록 하세요.
B: 네, 부장님. 죄송합니다. 바로 해결책을 모색해 보겠습니다.

ex A: 수진이가 요즘 살이 많이 찐 것 같아.
B: 맞아. 요즘 취업 준비로 스트레스 받는다고 엄청나게 먹어 대더니 살이 저렇게 쪘네.

ex A: 예방 주사 잘 맞고 왔어요?
B: 네. 지금 맞고 오는 길이에요. 우리 아이가 무섭다고 엄살을 떨어 대는 바람에 진땀이 다 났어요.

Focus Plus

- –대다 which is used in 갸웃대다, 기웃대다, 빈정대다, 소곤대다 is an auxiliary verb that can be attached to a word indicating a certain action or status. Here, –대다 means a certain status continues one after another, which can be replaced with –거리다.

  ex 영화관 앞 좌석에 앉은 사람들이 계속 소곤대며 이야기하는 바람에 영화를 제대로 못 봤어요.
  (= 계속 소곤거리며)

Answers

① A: 무슨 일 있어요? 오늘따라 얼굴이 안 좋아 보이네요.
B: 네. 동생이 저에게 음치라고 놀려 대서 친척들 앞에서 망신을 당했거든요.

② A: 무슨 일 있어요? 오늘따라 얼굴이 안 좋아 보이네요.
B: 네. 도서관에서 옆 사람이 계속 떠들어 대서 시험공부를 제대로 못했거든요.

③ A: 무슨 일 있어요? 오늘따라 얼굴이 안 좋아 보이네요.
B: 네. 지하철에서 사람들이 이리저리 밀어 대서 아침부터 녹초가 됐거든요.

④ A: 무슨 일 있어요? 오늘따라 얼굴이 안 좋아 보이네요.
B: 네. 회의 시간에 서로 자신의 주장만 우겨 대서 5시간 넘게 회의를 했거든요.

바람직한 인터넷 이용에 대한 인터뷰 듣기

p.147

Vocabulary & Expression

인터넷에 올라온 글	an Internet post

인터넷에 올라온 글 indicates Internet postings that other people, not you, have put up on the Internet websites or message boards.

ex 요즘 인터넷 게시판에 올라온 글 중에는 상대방을 비방하는 내용의 글이 상당수 있다.

댓글을 달다	to post comments, to leave online comments

댓글 is a short comment in response to what others have put up on the Internet. 댓글을 달다 means to write a response to something that was posted on the Internet. You can also use 올리다 instead of 달다.

ex 인터넷 기사에 댓글을 달 경우 자신의 이름과 주민 등록 번호로 실명 인증을 받아야 한다.

ex 몇 만 개나 되는 댓글에 일일이 답을 다는 것은 시간도 많이 걸릴뿐더러 체력 소모도 많이 된다.

소통의 공간이 되다	to become a space of communication

소통 means a state where everyone is on the same page without any misunderstanding. Therefore, 소통의 공간이 되다 indicates that the space became a world or field where people present opinions and ideas and try to understand each other.

ex 최근 자신의 홈페이지를 팬들과의 소통의 공간으로 활용하는 연예인들이 늘고 있다.

Listening Guide

The representative of the "Making a Happy Internet World Movement" is on a show being interviewed on how to make good use of the Internet. Listen carefully for the specific activities and purpose of the movement. (☞『이화 한국어 5』 Track 58)

Answers

(1) ① 인터뷰 처음에 운동 본부에 대한 소개를 시작으로 주요 활동 두 가지를 말하고 있다. 인터뷰 마지막 부분에서는 운동 본부의 활동에 대한 국민들의 많은 관심과 동참을 호소하고 있다.

(2) ① 네　② 아니요　③ 아니요
유해 사이트를 차단하는 프로그램은 홈페이지에서 무료로 다운로드 받을 수 있다고 언급하고 있으며 올바른 인터넷 문화의 정착을 위해서는 긍정 댓글 달기가 생활화되어야 한다고 지적하고 있다.

(3) 교재 정답 p.208 참고

Vocabulary & Expression

왠지 꺼림칙하다	It is somewhat troubling

꺼림칙하다 means that something weighs on your mind. Therefore, 왠지 꺼림칙하다 indicates that something keeps bothering you and makes you feel uncomfortable and uneasy but without a clear, specific reason. 꺼림칙하다 can be replaced with 꺼림하다 or 께름칙하다.

ex A: 우리가 기숙사에 친구를 데리고 온 걸 사라가 알고 있는 것 같아.
B: 그게 정말이야? 어떻게 알았지? 비밀로 하고 싶었는데 사라가 알고 있다니 왠지 꺼림칙하네.

ex 그 일을 하는 것이 여러 가지로 꺼림하였으나 상사가 시키는 일이라서 어쩔 수 없이 할 수밖에 없었다.

좀 그렇더라고요	I'd rather not say anything, but you know

Here, 그렇다 means to be unsatisfactory and therefore, 좀 그렇더라고요 is used when something was unsatisfactory and not good enough, but you are not willing to further explain the problem.

ex A: 우유 사 온다고 하지 않았어요? 왜 빈손으로 왔어요?
B: 유통기한이 내일까지인 우유밖에 없어서요. 유통기한이 하루밖에 남지 않은 우유를 사려니 좀 그렇더라고요.

더 이상 남의 얘기만은 아닌 것 같다	It's no longer none of my business

This expression is used when a certain problem is no longer limited to others because now it could happen to you too.

ex A: 취업 준비로 스트레스를 받고 있는 선배들의 이야기를 들으니까 나도 걱정이 되더라.
B: 나도 선배들 이야기 들으면서 더 이상 남의 얘기만은 아닌 것 같아서 덜컥 겁이 났어.

ex 물 부족 현상은 더 이상 다른 나라의 이야기만은 아니다.

Grammar Focus

–(으)려야 indicates behaving with a certain intention in mind and is short for –(으)려고 하여야. It is usually used in the structure –(으)려야 –(으)ㄹ 수가 없다, repeating the verb, to mean that the speaker was unable to fulfill his or her intention. It is used with a verb.

Basic form	–(으)려야	Basic form	–(으)려야
감추다	감추려야	듣다	들으려야
끊다	끊으려야	살다	살려야

ex A: 물가는 계속해서 오르는데 월급은 그대로니 항상 생활비가 부족해서 살기 힘들어.
B: 맞아. 나도 생활비를 줄여야 하는데 줄이려야 줄일 수가 없어서 고민이야. 아이들 교육비는 점점 늘어 가는데 월급은 안 오르고…….

ex A: 민우야, 왜 추석 연휴 때 고향에 안 갔어?
B: 나도 고향에 가고 싶었는데 버스, 비행기 표가 일찍부터 모두 매진돼서 가려야 갈 수가 없었어.

ex A: 유민 씨, 얼마 전 공연 도중에 무대 위에서 떨어져서 크게 다칠 뻔했다고 들었습니다. 지금은 괜찮으세요?
B: 네, 괜찮습니다. 그때 제가 너무 놀란 나머지 당황한 모습을 숨기려야 숨길 수가 없어서 팬들이 많이 놀랐던 것 같습니다. 다행히 크게 다치지 않았습니다.

ex A: 젠하오 씨, 올해 건강 검진 받았어요?
B: 아직 못 받았어요. 일 때문에 도저히 시간이 안 나서 건강 검진을 받으려야 받을 수가 없었어요.

ex A: 요즘은 한국에서 만든 물건을 찾으려야 찾을 수가 없네요.
B: 맞아요. 가격 경쟁력을 위해 인건비가 싼 나라에서 물건을 만들어 오니까 국내산 물건을 찾기 힘든 것 같아요.

ex A: 엘레나 씨는 그냥 집에 갔어요? 오늘 우리 반 친구들과 점심 먹기로 했잖아요.
B: 네. 시험 성적이 나빠서 6급으로 진급하지 못한다는 소식을 듣고 집으로 가 버렸어요. 그래서 붙잡으려야 붙잡을 수가 없었어요.

ex A: 정 과장! 김 대리 좀 오라고 하세요.
B: 부장님, 방금 전에 김 대리에게서 연락이 왔는데요. 오늘도 늦는다고 합니다.
A: 또 늦는다고요? 요즘 일을 좀 잘하는 것 같아서 칭찬하려고 했었는데 칭찬하려야 할 수가 없네요.

ex A: 아침 일찍부터 뭐 해요?
B: 수강 신청하고 있어요. 인기 있는 수업은 늦게 신청하면 일찍 마감이 돼서 수업을 들으려야 들을 수가 없거든요.

Focus Plus

- –(으)려야 can be said as –(으)ㄹ래야 in colloquial language.

  ex A: 사라 씨, 이 옷 너무 낡지 않았어요? 이제 못 입을 것 같은데요.
  B: 그렇긴 한데 이 옷은 돌아가신 어머니께 생일 선물로 받은 거라서 버릴래야 버릴 수가 없어요.

  ex A: 사오리 씨는 정말 애교가 많은 것 같아요.
  B: 네, 맞아요. 애교가 많아서 싫어할래야 싫어할 수가 없어요.

- –고서야 looks similar to –(으)려야 but it has a completely different meaning. –고서야 is used to indicate that only after the previous behavior is completed, one can finally proceed to the next behavior.

  ex A: 부모님께 용돈을 받을 때는 몰랐는데 취직하고 돈을 직접 벌어 보고서야 돈의 소중함을 알게 됐어요.
  B: 그렇지요. 돈 벌기가 쉽지 않아요.

  ex A: 젠하오 씨 고향에 지진이 났다면서요? 가 보지도 못하고 무척 걱정하고 있겠어요.
  B: 며칠 동안 연락이 안 되다가 오늘 연락이 됐는데 가족들 모두 무사하대요. 전화로 소식을 듣고서야 안심하는 것 같더라고요.

Answers

① A: 민우 씨, 왜 여행 계획을 취소했어요?
B: 저도 여행을 가고 싶었지요. 그런데 어머니가 갑자기 쓰러지셔서 여행을 가려야 갈 수가 없었어요.

② A: 메이닝 씨, 왜 수진 씨에게 화를 냈어요?
B: 저도 화를 참고 싶었지요. 그런데 수진 씨가 잘못을 하고도 남의 탓만 해 대서 화를 참으려야 참을 수가 없었어요.

③ A: 젠하오 씨, 왜 연락도 없이 결근했어요?
B: 저도 미리 연락하고 싶었지요. 그런데 휴대 전화 배터리가 떨어져서 미리 연락을 하려야 할 수가 없었어요.

④ A: 사라 씨, 왜 인터넷에서 산 옷을 환불했어요?
B: 저도 그 옷을 입고 싶었지요. 그런데 옷이 생각보다 작아서 그 옷을 입으려야 입을 수가 없었어요.

–다시피 하다 indicates that the speaker did not actually perform a certain action, but what the speaker did was almost the same. It is used with a verb.

Basic form	–다시피 하다	–다시피 했다
기다	기다시피 하다	기다시피 했다
새우다	새우다시피 하다	새우다시피 했다
굶다	굶다시피 하다	굶다시피 했다
살다	살다시피 하다	살다시피 했다
없다	없다시피 하다	없다시피 했다

ex A: 어제 등산 잘 다녀왔어?
B: 아니. 내가 운동을 정말 싫어하잖아. 그래서 같이 간 친구가 나를 거의 끌고 다니다시피 했어.

ex A: 어린 아이에게 약을 먹이는 것이 여간 어려운 일이 아니네요.
B: 맞아요. 저도 먹일 때마다 전쟁을 치르다시피 하면서 먹였어요. 안 먹겠다고 울고 떼쓰는 아이를 달래는 것도 보통 일이 아니더라고요.

ex A: 수진 씨, 인터넷에서 산 물건은 교환했어요?
B: 네, 교환했어요. 그런데 교환하는 과정에서 직원과 거의 싸우다시피 했어요. 자기네가 물건을 잘못 보낸 게 아니라 제가 주문을 잘못한 거라고 우기잖아요.

ex A: 루이 씨, 아직도 감기로 고생하고 있군요. 요즘 같은 환절기에는 감기에 걸렸다 하면 한 달은 가는 것 같아요.
B: 정말 그래요. 감기에 걸린 지 꽤 됐는데 아직도 병원을 제집 드나들다시피 하고 있어요.

ex A: 젠하오 씨, 요즘 부쩍 살이 찐 것 같아요.
B: 야식을 매일 밤마다 먹다시피 했더니 살이 8kg이나 쪘어요.

ex A: 수진 씨, 고지영 작가 좋아해요? 그 작가가 쓴 책을 자주 읽는 것 같아요.
B: 네. 고지영 작가가 쓴 책은 거의 다 읽다시피 했을 정도로 그 작가의 팬이에요.

ex A: 요즘 같은 불경기에 개인 사업자들이 성공하는 경우는 드물다면서요?
B: 그런 것 같아요. 제 주변에도 사업을 하려고 퇴직금을 전부 쏟아붓다시피 했는데 결국 망해서 빈털터리가 된 사람이 있어요.

ex A: 김 기자, 한국제약에서 이번에 출시한 신약의 효과가 미미하다고 알려지면서 논란이 되고 있다면서요?
B: 그렇습니다. 사건을 조사한 결과 효과가 미미한 게 아니라 거의 없다시피 한 것으로 밝혀져서 논란이 확대될 것으로 예상됩니다.

Focus Plus

- Using –다시피 without 하다 indicates that the speaker intends to confirm something that the listeners already know about. It is usually used with perception verbs such as 알다, 보다, 듣다, 느끼다, 짐작하다, etc.

ex A: 작년 제품에 비해서 이번 신제품은 어떤 점이 더 좋아졌나요?
B: 다들 아시다시피 저희 회사 제품의 질은 매우 뛰어납니다. 올해는 디자인에도 신경을 많이 써서 더욱 인기를 끌 것으로 예상됩니다.

ex A: 고속도로에 나가 있는 김 기자를 연결해 고속도로 상황을 알아보겠습니다. 김 기자!
B: 네. 이곳 고속도로는 보시다시피 귀성 차량들로 꽉 막혀 있는 상태입니다. 시간이 지날수록 차량들이 늘어나고 있습니다.

ex A: 선생님, 성적이 좋으면 장학금을 받을 수 있다고 오리엔테이션에서 들었는데 맞지요?
B: 여러분들도 들으셨다시피 이번 학기 말에 성적이 우수한 학생 2명에게 장학금을 지급할 예정입니다. 모두 한 학기 동안 열심히 공부하시기를 바랍니다.

Answers

① A: 지은 씨, 집에 물건이 별로 없네요.
B: 퇴근을 늦게 하니까 집에서는 잠만 자다시피 하거든요.

② A: 사오리 씨, 오늘따라 핼쑥해 보이네요.
B: 식중독에 걸려서 주말 내내 굶다시피 했거든요.

③ A: 루이 씨, 모임에 오랜만에 나왔네요.
B: 한동안 논문 때문에 연구실에서 살다시피 했거든요.

④ A: 엘레나 씨는 사라 씨에 대해 모르는 게 없네요.
B: 절친한 사이라서 24시간 붙어 있다시피 하거든요.

Tell me!

'누리꾼'과 '네티즌'(Nurikkun and netizen)

Q How are Nurikkun and netizen different?

A Both 누리꾼 and 네티즌(netizen) indicate people who are active in cyberspace. 누리꾼 is a combination of 누리 meaning world, globe and a suffix –꾼 meaning a person who does something habitually or enjoys doing something. 네티즌 is a combination of English words 'network' and 'citizen'. 누리꾼 and 네티즌 are both listed in a dictionary as having the same meaning. 누리꾼, which is a native Korean word, is quite often used in Korea as well.

PART2 읽어 봅시다 영화의 경제적 파급 효과를 알리는 잡지 기사문 읽기

p.153

Vocabulary & Expression

영화를 보는 내내	during the whole time I was watching the movie

–는 내내 is used to indicate that something continuously happens from the beginning till the end of a duration of time. Therefore, 영화를 보는 내내 indicates the continued time from the beginning of the movie till the end of the movie. 내내 is an adverb indicating duration and can be replaced with 내. N 내내 is used for nouns.

ex 그 영화는 보는 내내 손에 땀을 쥐게 할 만큼 스릴이 넘쳤다.

뇌리에 깊게 남다	to be engraved into one's brain

뇌리 indicates the part of the mind which contain consciousness, memory, and thinking, and thus 뇌리에 깊게 남다 indicates that the subject leaves a very strong impression on one's memory. 뇌리 is often used with words such as 새기다, or 박히다.

ex 영화 속에서 보여 준 하진우 씨의 내면 연기는 오래도록 뇌리에 깊게 남을 것 같다.

더 이상 볼거리를 전달하기 위한 도구가 아니다	it is no longer merely a means of visual entertainment

This expression indicates that the subject is no longer a simple tool with the sole purpose of providing things to watch, enjoy, and forget. 더 이상 is a combination of 더, an adverb representing a degree, and 이상, a noun, to mean from now on, continuing from now. It is usually used in the structure 더 이상 –이/가 아니다, 없다.

ex 텔레비전은 더 이상 볼거리만을 전달하기 위한 도구가 아니라 가치관 형성에도 영향을 미치는 존재가 되었다.

Reading Guide

This is a magazine article that informs us of the economic effects of movies. Read carefully for the influence that movies have on the economy. (☞「이화 한국어 5」 p.154)

Answers

(1) ② 이 글에는 영화의 정의, 영화가 경제에 미치는 영향, 영화에 대한 새로운 시각이 제시되었다.

(2) 교재 정답 p.208 참고

(3) ④ 영화가 흥행에 성공하면 출판업과 관광 산업이 활성화되며 일자리도 창출된다.

(4) ① 아니요 ② 네 ③ 아니요

영화는 재미와 감동을 줄 뿐만 아니라 다양한 분야에서 수익을 창출하는 역할을 한다.

p.160

Vocabulary Expansion

나무를 타다 to climb a tree

Here, 타다 means to climb up or move along something.

ex 젠하오 씨는 어릴 때 시골에서 나무를 타다가 발을 헛디뎌서 크게 다친 적이 있대요.

ex 저희 집에서 인천 공항까지 고속도로를 타면 30분밖에 안 걸려요.

틈을 타다 to take an opportunity

Here, 타다 means to make use of a condition, time, or opportunity.

ex 범인은 경찰이 한눈을 파는 틈을 타서 도주했다.

ex 건설업은 경기를 타는 업종이기 때문에 투자를 할 때 신중하게 생각하고 판단해야 한다.

전파를 타다 to be broadcast

Here, 타다 means to spread out by wind, wave, or radio.

ex 팬들의 사랑을 한 몸에 받았던 두 배우의 결혼 소식은 전파를 타고 순식간에 퍼져 나갔다.

ex 스모그 속 미세 먼지가 바람을 타고 유입되고 있어 호흡기 질환자들의 각별한 주의가 필요합니다.

때가 타다 to be stained

Here, 타다 means to have a characteristic getting stained or dirty easily.

ex 흰색 물건은 유난히 때가 잘 타서 안 사게 되는 것 같아요.

ex 이 제품을 사용하지 않으실 때는 먼지가 타지 않도록 잘 덮어 두시기 바랍니다.

부끄러움을 타다 to be shy

Here, 타다 means to be sensitive to certain irritations.

ex 우리 아이는 부끄러움을 많이 타는 성격이라서 처음 만나는 사람과 잘 어울리지 못한다.

ex 나는 간지럼을 유난히 잘 타서 간지럼을 태우려는 손동작만 봐도 움찔한다.

추위를 타다 to be sensitive to cold

Here, 타다 means to be influenced easily by the weather or climate.

ex 나는 겨울이 오는 게 무서울 정도로 추위를 무척 탄다.

ex 루이 씨가 요즘 훌쩍 떠나고 싶다고 자주 말하는 걸 보니 가을을 타는 것 같다.

 p.161

Proverb

등잔 밑이 어둡다

등잔 is a vessel that contains oil used as a lantern. The foot of the lantern is rather dark because of the shadow of the vessel, and the area around the lantern is actually brighter. This proverb says that something very nearby and close may actually be harder to perceive.

ex 등잔 밑이 어둡다는 말처럼 남녀의 인연은 의외로 가까운 곳에 있을지도 모른다.

꿩 구워 먹은 소식이다

This proverb is used to express that despite the fact that you have been waiting for a very long time, the news you have been waiting for has not arrived.

ex 유학 간 친구가 도착하면 바로 연락하기로 하고는 3개월이 지나도록 꿩 구워 먹은 소식이다. 잘 도착했는지 걱정이다.

아니 땐 굴뚝에 연기 날까

It is a matter of course that if you burn wood in the fireplace, the chimney will give off smoke; if wood is not burnt, the chimney would not give off smoke. This proverb metaphorically indicates that no result can occur without an underlying cause and is used to express that even rumors would have some background truth.

ex 소문으로 들었던 가수 유승민 씨의 도박 사건이 오늘 신문과 뉴스에 보도되었다. 아니 땐 굴뚝에 연기 날까라는 말이 딱 맞는 것 같다.

Answers

3. (1) 아닌 땐 굴뚝에 연기 날까
A: 이지호 국회의원이 뇌물을 받았다는 소문을 들었어?
B: 설마. 헛소문 아니야? 이지호 의원은 평소에 욕심이 없고 청렴한 정치를 하기로 유명한 사람이잖아.
A: 뭔가 의심 받을 행동을 했기 때문에 그런 소문이 나지 않았을까? 아니 땐 굴뚝에 연기 나겠어?

(2) 꿩 구워 먹은 소식이다
A: 수진아! 도대체 우리 미팅 언제 하는 거야?
B: 나도 모르겠어. 선배가 소개해 주겠다고 했는데 꿩 구워 먹은 소식이네. 오늘 내가 한번 연락해 볼게.

(3) 등잔 밑이 어둡다
A: 지은 씨, 얼마 전에 집에 도둑이 들었다고 했지요? 도둑 잡았어요?
B: 네, 며칠 전에 도둑이 잡혔는데요. 글쎄, 우리 집 근처에 살고 있는 사람인 거 있죠.
A: 어머! 등잔 밑이 어둡다고 하더니……. 범인이 근처에 있는 줄 몰랐네요.

Vocabulary Check

Part 1 준비합시다 01

- 조르다 — to press someone for something
- 간밤 — last night
- 이리저리 — from place to place, here and there
- 녹초가 되다 — to be knocked down, to be dead tired
- 망신을 당하다 — to humiliate oneself in public
- 우기다 — to insist, to impose one's views upon

Part 1 들어 봅시다

- 유해 사이트 — harmful website
- 차단 — block, shut down
- 비방 — slander, defamation
- 동참하다 — to participate, to join
- 인신공격 — personal attack, personal insult
- 배포하다 — to distribute
- 호소하다 — to appeal, to plead
- 정착 — settling down
- 선정적이다 — to be provocative, to be sensational
- 폭력적이다 — to be violent
- 생활화되다 — to become a way of life, to make a habit of
- 소통 — communication

Part 1 말해 봅시다

- 유출되다 — to leak
- 해킹 — hacking
- 괜한 걱정이다 — to have useless concern
- 꺼림칙하다 — to feel uncomfortable
- 마구 — recklessly, carelessly, haphazardly
- 허위 — false, untruth
- 뚫어지다 — to be pierced, to be perforated

Part 2 준비합시다 01

- 교통 체증 — traffic jam, traffic congestion
- 결근하다 — to be absent from work, to take a day off

Part 2 준비합시다 02

- 충혈되다 — to be bloodshot
- 핼쑥하다 — to look pale
- 식중독 — food poisoning
- 논문 — thesis, dissertation

Part 2 읽어 봅시다

- 고용 — employment
- 창출 — creation
- 브랜드 — brand
- 영혼을 울리다 — to be soul touching
- 뇌리에 남다 — to be engraved into one's brain
- 호평 — favorable comment, favorable evaluation
- 혹평 — cruel remark, severe criticism
- 파급 — spread, extension, influence
- 단적 — straightforward, frank, direct
- 업종 — type of industry, category of business
- 증대 — increase

- 인지도 awareness, popularity
- 막대하다 to be huge, to be enormous
- 인권 human rights, civil rights
- 무단 without notice, without warning, unannounced
- 초상권 portrait rights
- 고소하다 to sue, to file a lawsuit
- 부응하다 to meet, to satisfy
- 내세우다 to make a person represent
- 감수하다 to put up with, to endure

Part 2 써 봅시다

- 풀어내다 to work out, to solve
- 후보 candidate, nominee
- 달가워하다 to be happy about
- 곱지 않은 시선 negative view
- 귀천이 없다 to be equally respectable

Part 3 토론해 봅시다

- 퍼지다 to spread out, to become wide
- 악성 댓글 malicious comments, vicious postings
- 도배 covering the wall with
- 파헤치다 to dig up, to investigate
- 여과 없이 without any censorship
- 침범하다 to invade, to infringe on
- 노출되다 to be exposed

Topic Vocabulary

Internet

- 바이러스에 감염되다 to be infected with a virus
- 인터넷 실명제 Internet real-name system
- 인터넷에 중독되다 to be addicted to the Internet
- 컴맹 computer illiterate, cyber klutz
- 홈페이지를 개설하다 to open a website

 p.164

Grammar Focus

–(으)ㄴ/는 법이다 indicates that a certain situation or action is considered as a matter of course or something that has been already settled. It is usually used for laws or general principles that are considered appropriate, or for proverbs or maxims that many people accept as reasonable. –(으)ㄴ 법이다 is used with an adjective, –는 법이다 is used with a verb, and 인 법이다 is used with a noun.

Basic form	–(으)ㄴ/는 법이다	Basic form	–(으)ㄴ/는 법이다
크다	큰 법이다	가다	가는 법이다
많다	많은 법이다	좋아하다	좋아하는 법이다
멀다	먼 법이다	찾다	찾는 법이다
가깝다	가까운 법이다	알다	아는 법이다
일반적이다	일반적인 법이다	있다	있는 법이다

ex A: 중요한 경기도 아니었는데 우리 팀이 지니까 속상해요.
B: 사람 마음이 원래 그래. 경기에서 지면 기분이 나쁜 법이지.

ex A: 부모님이나 선생님의 충고를 귀찮은 잔소리로만 여기는 청소년들에게 한 말씀 해 주시지요.
B: 여러분 나이 때는 어른들의 조언을 잘 이해할 수 없지요. 그렇지만 입에 쓴 약이 병에는 좋은 법입니다. 잘 들어 두면 인생에 도움이 될 겁니다.

ex A: 강 형사님, 이번 사건의 단서가 좀처럼 잡히지 않습니다. 도대체 범인이 어디에 숨어 있을까요?
B: 범인은 사건이 일어난 현장 근처에 있을 가능성이 크지. 등잔 밑이 어두운 법이니까 다시 잘 찾아보도록 해.

ex A: 사람은 모름지기 자신이 한 약속을 지켜야 하는 법인데 지금 너의 태도는 참 실망스럽구나.
B: 죄송합니다. 한 번만 더 기회를 주시면 그 약속 꼭 지키겠습니다.

ex A: 아이들이 책을 많이 읽게 할 수 있는 좋은 방법이 없을까요?
B: 부모가 먼저 책 읽는 모습을 보여 주시는 게 가장 좋습니다. 아이는 부모를 닮는 법이니까요.

ex A: 김주환 선수, 첫 번째로 도전한 올림픽에서 메달을 따지 못한 이후에 낙심하지는 않으셨나요?
B: 보통 사람들은 자신이 이루고자 노력했던 일에 실패하면 실망하거나 좌절합니다. 그러나 그 당시에 저는 최선을 다했기에 후회하지 않았습니다. 진정으로 최선을 다한 일에는 후회가 남지 않는 법이잖아요.

ex A: 빨리 취업도 하고 결혼도 하고 싶은데 생각대로 잘 안 되네요.
B: 모든 일에는 다 때가 있는 법이에요. 조급하게 생각하지 마세요.

ex A: 지은 선배, 선배는 아까부터 일은 시작하지 않고 무슨 생각을 그렇게 하고 있어요?
B: 지금 계획을 짜고 있어. 업무를 시작하기 전에 미리 계획을 세우는 것이 일처리에 더 효율적인 법이야.

Focus Plus

- –(으)ㄴ/는 법이다 and –기 마련이다(See 『이화 한국어 4』 Chapter 7, p.130) are sometimes interchangeable. However, –(으)ㄴ/는 법이다 is used in situations where appropriateness and lawfulness are more emphasized, but –기 마련이다 does not go well with –아/어야 하다, which represents appropriateness.

  ex 서로 모르는 사람들이 처음 모이면 어색한 법이다.
  (= 어색하기 마련이다)

  ex 잘못을 한 사람은 마땅히 벌을 받아야 하는 법이다. (○)
  잘못을 한 사람은 마땅히 벌을 받아야 하기 마련이다. (×)

- –(으)ㄹ 법하다 looks similar to –(으)ㄴ/는 법이다 but it has a different meaning. It is used to indicate that there is a plausible possibility or reason for a certain situation or fact.

  ex A: 지은 씨 소식 들었어요? 여행 가서 우연히 만났던 사람과 인연이 되어서 결혼하게 되었대요.
  B: 어머, 그래요? 영화에나 나올 법한 이야기네요.

  ex A: 혼자 제주도로 여행 간다던 메이닝 씨는 잘 도착했는지 모르겠네요.
  B: 그러게요. 지금쯤이면 제주도에 도착했을 법한데 왜 아직 아무 연락이 없을까요?

Answers

① **A: 사라가 한국어 공부를 열심히 하더니 통역 아르바이트 자리를 구했대.**
B: 원래 노력하는 사람이 기회를 잡는 법이잖아. 그동안 열심히 노력한 보람이 있네.

② **A: 영화가 재미있다는 소문을 듣고 잔뜩 기대를 했지만 생각보다 재미없었어.**
B: 원래 기대가 크면 실망도 큰 법이잖아. 네가 영화 보기 전에 너무 기대를 했나 보구나.

③ **A: 친구가 자꾸 주식에 투자하라고 하는데 그 친구는 주식에 대해 잘 아는 것 같지 않아.**
B: 원래 빈 수레가 요란한 법이잖아. 잘 모르면서 큰소리치는 것일지도 모르니까 친구 말만 믿지 말고 잘 생각해 봐.

④ **A: 대학을 졸업한 지 일 년이 다 되어 가는데도 계속 취직 시험을 준비하고 있어서 힘들어.**
B: 원래 고생 끝에 낙이 오는 법이잖아. 조금만 더 준비해 봐. 곧 좋은 회사에 취직할 수 있을 거야.

Vocabulary & Expression

호경기로 접어들다 | **to enter a prosperous period**

In this expression, 접어들다 indicates that the subject reaches a certain time or period. So, 호경기로 접어들다 indicates that a prosperous period of economic activity has begun. N(으)로/에 접어들다 can mean that the subject reaches a certain age or period, and can also mean that it reaches a certain place, spot, or street.

ex 최근 호경기로 접어들어 주식에 투자하려는 사람들이 늘고 있다.

ex 올해로 40대에 접어든 그는 자신의 지난 삶을 되돌아보기로 했다.

ex 학교 정문을 지나 골목길로 접어들면 작은 식당이 하나 보일 거예요.

성장세를 나타내다 | **to indicate growth**

성장세 indicates a situation in which a certain business or state is growing. Therefore the expression means showing a growing trend. Compound words that end in 세 such as 회복세, 증가세, and 감소세 indicate certain trends, tendencies, or changing states.

ex 외식 산업은 당분간 계속 성장세를 나타낼 것으로 전망된다.

ex 최근 우리 회사 제품의 매출이 증가세를 보이고 있다.

못지않게 | **just as good, no less**

This expression means that the subject is second to none in level or degree in a certain aspect. If two subjects are similar in level, the structure N 못지않게 is used.

ex 그는 60대의 나이에도 불구하고 젊은 학생들 못지않게 한국어를 열심히 공부하고 있다.

Listening Guide

Economic researchers are discussing economic trends on a talk show. Listen carefully for the specific details of the current economic situation. (☞『이화 한국어 5』 Track 66)

Answers

(1) ④ 경제 연구원은 올해 들어서 불경기에서 벗어나 경기가 회복되는 중이라고 말했다.

(2) ④ 부동산에 투자하는 직장인이 증가했다고 했지 기업들이 부동산을 매입하고 있다고 한 것은 아니다.

(3) ① 네 ② 아니요 ③ 아니요

현재 실업률은 3%로 이는 작년에 비해 0.3% 줄어든 것이므로 작년에는 3.3%였다. '립스틱 효과'란 소비자들이 적은 비용을 들여서 큰 만족을 얻기 위해 소비하는 것을 일컫는다. 경기 과열은 경기 침체만큼 문제가 된다고 언급했다.

Vocabulary & Expression

그러니까 내 말이	That's what I'm saying

This expression indicates that the listener has just said what the speaker intended to say. It is used to agree with what the other person just said. Expressions such as 그러니까 and 그러니까 내 말이 그 말이야 can be used with the same meaning.

ex A: 부장님이 이렇게 많은 일을 내일까지 끝내라고 하셨어? 진짜 말도 안 돼.
B: 그러니까 내 말이. 이걸 어떻게 하루 만에 다 해.

생각 같아서는	If I could really do what I'm thinking now

This expression expresses that if the speaker could do what s/he was thinking, s/he would do so. But in reality, the intended action is impossible. Expressions such as 마음 같아서는 and 욕심 같아서는 are used with the same meaning.

ex 생각 같아서는 한국에서 더 살고 싶은데 고향에 있는 회사에 취직을 해서 귀국하게 됐다.

ex 마음 같아서는 그 사람을 붙잡고 싶었다. 그렇지만 내 욕심만 채울 수는 없었기 때문에 보내 주기로 했다.

너 나 할 것 없이	all equally, all alike, including both you and me

This expression means everybody, excluding nobody. Expressions such as 남녀노소, 남자다 여자다, or 어른 아이 can be used with 할 것 없이 to create similar meanings.

ex 사람들이 너 나 할 것 없이 태풍 피해를 입은 지역에 도움을 주고 있다.

ex 축제가 시작되자 남녀노소 할 것 없이 거리로 나와 축제를 즐겼다.

그나저나	by the way, anyhow

This expression is used to start talking about something different from what has been discussed so far. It roughly means 'That's that', suggesting changing the subject to the listener.

ex A: 이번 시험은 정말 어려웠던 것 같아요. 시험 잘 봤어요?
B: 아니요. 제 점수도 그냥 그래요. 그나저나 점심은 먹었어요? 우리 점심 먹으러 갈래요?

 p.169

Grammar Focus

-ㄴ/는답시고 is used when the speaker does not care for or respect the reason of an action or situation. The subject of the sentence provides a reason or grounds in the preceding clause, but the speaker does not really agree with it. -답시고 is used with an adjective, -ㄴ/는답시고 is used with a verb, and (이)랍시고 is used with a noun.

Basic form	-ㄴ/는답시고	-았/었답시고
예쁘다	예쁘답시고	예뻤답시고
많다	많답시고	많았답시고
멋있다	멋있답시고	멋있었답시고
다니다	다닌답시고	다녔답시고
먹다	먹는답시고	먹었답시고
살다	산답시고	살았답시고
형이다	형이랍시고	형이었답시고

ex A: 주말에 가족들하고 어디 안 다녀왔어요? 날씨가 맑아서 외출하기 좋았잖아요.
B: 외출이라니요. 남편이 오전에 집안일을 도와주고 나더니 힘들답시고 하루 종일 잠만 자던걸요. 그래서 아무 데도 못 갔어요.

ex A: 루이가 축구를 잘한다고 들었는데 루이하고 같이 축구해 봤어?
B: 말도 마. 걔는 축구 좀 한답시고 다른 친구들한테 패스를 안 해 줘. 혼자만 공을 가지고 있으려고 한다니까.

ex A: 메이닝 씨가 왜 학교에 안 왔을까요?
B: 요즘 좋아하는 가수 사진을 찍는답시고 매일 연예 기획사 앞에서 살다시피 해요. 그래서 오늘 학교에도 안 온 것 같아요.

ex A: 거래처 사람은 만났어? 그 사람 어때?
B: 응. 만났어. 그런데 돈을 좀 많이 벌었답시고 어찌나 잘난 척을 하던지 같이 이야기하는 내내 거북했어.

ex A: 어, 민우 씨가 왜 안 보이지요? 조금 전까지 같이 있었는데?
B: 저기 있잖아요. 시식 코너에서 무료로 주는 음식을 먹겠답시고 계속 줄 서서 기다리고 있는 중이에요.

ex A: 고등학교 때 영화감독이 될 거랍시고 공부는 안 하고 매일 영화만 보던 친구가 있었어요.
B: 그래요? 결국 영화감독이 되었나요?
A: 아니요. 영화와는 전혀 관계없는 일을 하고 있어요.

ex A: 전시회는 어땠어요? 추상 조각 전시회라고 했지요?
B: 작품이랍시고 조각상이 몇 개 전시되어 있었는데요. 제가 보기에는 그냥 바위 덩어리 같았어요.

Focus Plus

- When the speaker and the subject of the sentence are the same person, -ㄴ/는답시고 implies that person does not care for his or her state, or is trying to depreciate himself or herself.

  ex A: 지금까지 후배들에게 여러 조언을 해 주셔서 감사합니다.
  B: 제가 선배랍시고 몇 가지 조언을 드렸지만 여러분들은 저보다 더 훌륭하게 대학 생활을 할 수 있을 겁니다.

  ex A: 제 딴에는 맛있게 만든답시고 만들었는데 음식이 입에 맞으세요?
  B: 네. 정말 맛있어요. 요리 솜씨가 좋으시네요.

  ex A: 지난번에 나는 너를 위한답시고 솔직하게 이야기했는데 혹시나 기분이 나빴다면 미안해.
  B: 아니야. 그때는 기분이 조금 나빴는데 다시 생각해 보니까 모두 나에게 도움이 되는 말이었어.

- -ㄴ/는답시고 and -다고 both indicate the cause or reason of a certain situation. However, unlike -ㄴ/는답시고, -다고 can be used in other situations than when the speaker does not care for the reason.

  ex A: 율리아 씨, 집안 청소 중이었어요?
  B: 네. 남편이 평소에 안 하던 요리를 한답시고 부엌을 난장판으로 만들어 버렸지 뭐예요. 요리는 또 어찌나 맛이 없는지…….

  ex A: 와! 이 요리는 정말 맛있는데요? 어떻게 만든 거예요?
  B: 그거 남편이 만든 거예요. 어제 남편이 평소에 안 하던 요리를 한다고 부엌에 들어온 거 있지요. 어제가 제 생일이었거든요.

Answers

① A: 민우가 입만 열면 자기 자랑을 하더라.
B: 어휴, 그러게 말이야. 명문대를 졸업했답시고 그러는 거래.

② A: 메이닝이 끼니때마다 인스턴트 음식을 먹더라.
B: 어휴, 그러게 말이야. 밥을 해 먹기가 귀찮답시고 그러는 거래.

③ A: 루이가 며칠 동안 인터넷 개인 홈페이지를 뒤지더라.
B: 어휴, 그러게 말이야. 10년 전에 헤어진 첫사랑을 찾는답시고 그러는 거래.

④ A: 사오리가 공부도 제쳐 두고 매일 노래방에서 살다시피 하더라.
B: 어휴, 그러게 말이야. 올해에는 반드시 오디션에 합격해서 가수가 되겠답시고 그러는 거래.

p.170

Grammar Focus

–다가도 indicates that a certain situation or action can easily change to another situation or action. Often, the two situations are opposite to each other. It is a combination of the ending –다가 and the particle 도, and is used with an adjective or verb.

Basic form	–다가도	Basic form	–다가도
바쁘다	바쁘다가도	자다	자다가도
좋다	좋다가도	듣다	듣다가도

ex A: 방금 누구하고 통화했어? 기분이 좋아 보이네?
B: 고향에 있는 남자 친구랑 전화했어. 나는 힘들다가도 남자 친구 목소리만 들으면 힘이 나거든.

ex A: 이제 완연한 봄인데요. 이번 주에는 일교차가 클 거라고 하지요?
B: 그렇습니다. 아침에는 쌀쌀하다가도 낮에는 기온이 올라가는 날씨가 당분간 계속되겠습니다.

ex A: 수진 씨, 조카가 태어나서 이모가 되었다면서요? 조카가 예쁘겠어요.
B: 네. 자기 전에 칭얼대다가도 자장가를 불러 주면 금세 잠이 드는 모습이 정말 예뻐요.

ex A: 쌍둥이 엄마, 아이들 키우느라 힘들지요?
B: 말도 마세요. 애들이 사이좋게 잘 놀다가도 갑자기 싸우기 일쑤예요. 정말 힘들어요.

ex A: 한국에서는 버스나 지하철에서 젊은 사람들이 어른들한테 자리를 많이 양보하는 것 같아요.
B: 맞아요. 젊은 사람들이 자리에 앉아 있다가도 나이 드신 분들이 타면 얼른 일어나더라고요.

Focus Plus

- –다가도 is not usually used with words representing a certain feature or quality.

  ex 이 노트북은 크기가 작다가도 크다. (×)

- 알다가도 모르다 is an idiomatic expression meaning that one cannot readily understand a situation or object.

  ex 내 여자 친구는 나한테 친절하게 대해 주다가도 갑자기 화를 낼 때가 있다. 그럴 때는 너무 당황스럽다. 정말 여자 마음은 알다가도 모르겠다.

Answers

나에게는 수진이라는 한국 친구가 있는데 이 친구는 조금 변덕스럽다. 싱글벙글하다가도 조금만 기분이 상하면 표정이 굳어 버린다. 그리고 우울해하다가도 맛있는 것만 먹으면 금방 활기를 되찾기도 한다. 그래서 수진이와 친하지 않은 사람들은 수진이를 알다가도 모를 사람이라고 말한다. 그렇지만 수진이는 나에게 급한 일이 생겼을 때에는 도서관에서 공부하다가도 달려와 준다. 또 바쁘다고 투덜거리다가도 내가 한국어 공부를 도와 달라고 하면 친절하게 가르쳐 주는 좋은 친구이다. 가끔은 우리도 다툴 때가 있지만 티격태격하다가도 곧 화해한다. 이런 우리는 세상에 둘도 없는 친구이다.

변화된 소비자의 모습을 소개하는 설명문 읽기

p.171

Vocabulary & Expression

장점을 알리는 데에 급급하다	to think only of promoting benefits

This expression means that the subject has devoted his or her whole mind to promoting the strong points of the object, not paying attention to anything else. The structure -는 데에/-는 일에/-기에 급급하다 is used to indicate that the subject is only concerned about a particular thing.

ex 그 식당 주인은 식당의 장점을 알리는 데에 급급하고 음식 맛에는 신경을 쓰지 않는다.

ex 그동안 먹고살기에 급급해서 다른 사람을 돌아볼 여유가 없었다.

글을 올리는 것은 물론이고	not to mention posting a comment on the Internet

물론 means that something is a matter of course. Therefore, 글을 올리는 것은 물론이고 indicates that a subsequent behavior will also follow, not to mention posting a comment on the Internet.

ex 사람들은 자신의 블로그에 글을 올리는 것은 물론이고 사진이나 동영상을 올리기도 한다.

눈을 돌리다	to look away, to turn one's attention to

눈 is a metaphorical expression for 관심 and 돌리다 means changing one's thoughts or opinions. Therefore, 눈을 돌리다 indicates turning one's attention.

ex 우리는 어려운 환경에 처한 이웃들에게 눈을 돌려 그들을 도울 수 있는 방법을 찾아야 한다.

ex 이제 여러분도 성인이 되었으니 자신의 문제에만 빠져 있지 말고 주위 사람들과 사회 문제에도 눈을 돌려 보십시오.

Reading Guide

This article is about the appearance and behavior of consumers. As you read, try to focus on the changing behavior of consumers and specific activities they conduct. (☞『이화 한국어 5』 p.172)

Answers

(1) ② 소비자의 변화된 모습은 1단락, 사용 후기의 내용은 2단락, 회사에서 소비자의 의견을 반영하는 이유는 3단락에 나와 있다.

(2) 소비자들이 제공하는 정보의 특징과 구체적인 사례는 2, 3단락에 제시되어 있다.

(3) 교재 정답 p.209 참고

(4) ② 상품 광고의 영향을 받아 제품을 구입하는 것은 과거 소비자의 모습으로 소개되었다.

p.178

Vocabulary Expansion

값을 올리다 to raise the price

Here, 올리다 means to raise or increase a price or number.

ex 최첨단 기술이 적용된 이 컴퓨터는 값을 올려서 판매하게 되었다.

ex 회사에서는 올해부터 직원들의 월급을 10%씩 올리기로 결정했다.

성과를 올리다 to achieve good results

Here, 올리다 means to raise the level of performance or efficiency of work to a certain degree.

ex 올해 우리 부서에서는 김 과장이 가장 높은 성과를 올렸다.

ex 일의 능률을 올리기 위해서는 적당한 휴식이 필요하다.

안건을 올리다 to submit an item or a matter on the agenda

Here, 올리다 means to submit a document to a superior or higher officials.

ex 이번 회의 때 결정하지 못한 사항에 대해서는 다음 회의 때 다시 안건을 올려서 결정하기로 했다.

ex 다음 주 화요일까지 사장님께 결재 서류를 올리도록 하세요.

글을 올리다 to post an article or story

Here, 올리다 means to transfer files or data through a computer network.

ex 인터넷으로 주문한 것과 다른 물건이 도착해서 소비자 게시판에 항의하는 글을 올렸다.

ex 요즘은 여행을 다녀와서 블로그에 사진을 올리는 사람들이 많다.

절을 올리다 to make a polite bow

Here, 올리다 indicates greeting, addressing, bowing to, or handing something over to a superior or senior.

ex 한국에서는 결혼식이 끝난 후 신랑 신부가 신랑 측 부모님과 친척 어른들께 절을 올린다.

ex 이번 명절에는 대학 시절 은사님께 인사를 올리러 가려고 한다.

결혼식을 올리다 to have a wedding ceremony

Here, 올리다 means to carry out a certain ceremony or celebration.

ex 내년 봄에 결혼식을 올리려면 지금부터 준비하는 게 좋아요.

ex 추석에는 가을에 수확한 햅쌀로 밥을 지어 조상들께 제사를 올리는 풍습이 있다.

Proverb

싼 것이 비지떡이다

비지떡 is a pancake-shaped food made from the leftover bean residue after making tofu, metaphorically indicating what is valueless. The proverb means that cheap items tend to be lower quality.

ex 싼 것이 비지떡이라더니 지난주에 인터넷에서 싸게 산 티셔츠를 벌써 못 입게 되었다.

같은 값이면 다홍치마이다

다홍 is a deep red or crimson color, traditionally regarded as a beautiful color for skirts. Thus, this proverb indicates that as long as you are paying the same price, you might as well buy a crimson skirt, meaning that with the same price or effort, you might as well choose an object or situation of better quality.

ex 호텔을 예약할 때는 방의 전망을 고려해야 한다. 같은 값이면 다홍치마라고 이왕이면 전망이 좋은 방을 선택하는 것이 낫다.

외상이면 소도 잡아먹는다

외상 indicates buying a product on credit, promising to pay for it later. Cows were very expensive in the old times, so if one was fortunate enough to get a cow without having to pay at the very moment, s/he might just as well butcher it and eat it immediately. The proverb thus means that if a person is in a favorable situation at the moment, s/he could behave recklessly and not think about the future.

ex 외상이면 소도 잡아먹는다는 말처럼 은행에서 대출을 받아서 무리하게 사업을 확장하는 사업가들도 있다.

Answers

3. (1) 외상이면 소도 잡아먹는다
   A: 뉴스 봤어요? 은행에서 빚을 내서 집을 산 사람들이 그 돈을 갚느라고 어려움을 겪고 있대요.
   B: 외상이면 소도 잡아먹는다더니 집을 살 욕심에 무리해서 돈을 빌렸나 보네요.

   (2) 싼 것이 비지떡이다
   A: 와, 이 여행 상품은 진짜 싸다. 우리 이걸로 여행 갈래?
   B: 글쎄, 그렇게 무턱대고 싼 상품으로 갔다가 잠자리도 불편하고 식사도 형편없어서 고생한 사람들이 많다던데? 싼 것이 비지떡이라고 하잖아.

   (3) 같은 값이면 다홍치마이다
   A: 우리 오늘 점심은 '잔치식당'에서 먹을까요?
   B: 요즘에는 그 옆에 있는 '이화식당'에 사람들이 더 많이 가요. 메뉴랑 가격은 비슷한데 실내 분위기가 더 좋거든요. 같은 값이면 다홍치마라고 '이화식당'에 갑시다.

Vocabulary Check

Part 1 준비합시다 01

- 보기 좋은 떡이 먹기도 좋다 — appearance and quality often agree
- 잔뜩 — heavily, fully
- 빈 수레가 요란하다 — an empty cart is noisy and loud (Those who are ill-prepared and immature are likelier to be more noisy and obnoxious.)

Part 1 들어 봅시다

- 동향 — trend, tendency
- 호경기 — brisk market, good times
- 매입하다 — to purchase
- 불황 — recession, depression
- 과열되다 — to be overheated
- 침체되다 — to stagnate, to be depressed
- 금융 위기 — financial crisis
- 딛다 — to get over
- 선보이다 — to introduce
- 립스틱 효과 — lipstick effect

Part 1 말해 봅시다

- 하늘 높은 줄 모르다 — to be sky-high, to go through the roof
- 치솟다 — to soar, to skyrocket
- 터무니없이 — unreasonably, absurdly
- 엄두가 안 나다 — to be beyond one's power, cannot even dream of it
- 너 나 할 것 없이 — all equally, all alike, including both you and me
- 그나저나 — by the way, anyhow
- 차차 — gradually, little by little

Part 2 준비합시다 01

- 명문대 — prestigious college
- 뒤지다 — to search
- 제쳐 두다 — to put aside, to be aside from
- 오디션 — audition

Part 2 준비합시다 02

- 인기척이 나다 — to sense someone's presence
- 투덜거리다 — to complain, to grumble
- 티격태격하다 — to bicker with each other, to dispute about little things
- 알다가도 모르다 — to not readily understand the situation

Part 2 읽어 봅시다

- 첨부하다 — to attach
- 촉촉하다 — to be moist, to be moisturized
- 수분 — moisture
- 탄력 — resilience, elasticity, bounce
- 윤기 — gloss, shine
- 인기 만점 — exceptionally popular
- 조작 — operation, control
- 제조 — production, manufacturing
- 수용하다 — to accommodate
- 수동적 — passive
- 능동적 — active
- 물결을 타다 — to ride the waves
- 상세하다 — to be detailed
- 급급하다 — to think only of, to be busy only doing something
- 부작용 — side effects
- 실질적 — practical, actual, substantial
- 매출 — sales, selling

- 영향력을 행사하다 to excercise one's influence
- 날개 돋친 듯 팔리다 to sell like hot cakes, to sell very well
- 무려 as many as
- 좌우되다 to be swayed, to be influenced
- 직간접적 directly or indirectly
- 프로슈머 prosumer
- 선풍적 sensational
- 일방적 unilateral, one-sided

Part 2 써 봅시다

- 추가하다 to add
- 실행하다 to put into practice, to execute, to carry out
- 화질 image quality
- 음질 sound quality

Part 3 토의해 봅시다

- 합리적 reasonable, rational
- 알뜰 saving, thrifty, frugal
- 욕망 desire, craving
- 지불하다 to pay, to make payment
- 총체적 as a whole, in general, overall
- 예산 budget
- 금액 amount of money
- 인하하다 to reduce, to cut down
- 우선순위 priority
- 가령 let's say, for example

Topic Vocabulary

Consumer Lifestyle

- 돈을 펑펑 쓰다 to splurge money
- 돈을 흥청망청 쓰다 to spend money wastefully
- 씀씀이가 헤프다 to be wasteful of money
- 알뜰살뜰하다 to be very frugal

PART1 준비합시다 01 • -(으)ㄴ/는 이상

p.182

Grammar Focus

-(으)ㄴ/는 이상 indicates that a resulting situation is a matter of course and justifiable under the assumption of the preceding clause. 이상 is a noun that means as long as it has already happened. -(으)ㄴ 이상 is used with an adjective and past tense verb, -는 이상 is used with a present tense verb and 있다/없다 and 인 이상 is used with a noun.

Basic form	-(으)ㄴ/는 이상	Basic form	-(으)ㄴ/는 이상
크다	큰 이상	맡다	맡는 이상
멀다	먼 이상	없다	없는 이상
막히다	막히는 이상	친구이다	친구인 이상

ex A: 이번 학기에는 특별 수업을 희망하는 학생들이 예상보다 많군요.
B: 네. 이렇게 희망자가 많은 이상 반을 두 개로 나누어서 수업을 진행할 수밖에 없을 것 같습니다.

ex A: 반 친구들과 여행을 가기로 했는데 서로 가고 싶은 곳이 달라. 어떻게 하지?
B: 개인적으로 가는 게 아니라 여러 사람이 함께 가는 이상 다수의 의견을 따라야 하지 않을까?

ex A: 선생님, 다음부터는 절대 이런 일이 없도록 하겠습니다. 한 번만 눈감아 주시면 안 되겠습니까?
B: 기숙사의 규칙을 어겼다는 것을 제가 안 이상 모르는 척하고 넘어갈 수 없습니다.

ex 이번 프로젝트를 맡아 진행해 온 박 교수가 총 책임자인 이상 관리를 소홀히 해 왔다는 책임을 피할 수 없을 것으로 전망됩니다.

ex 마음먹은 이상 끝까지 포기하지 않고 목표를 이루어야지요.

Focus Plus

- 이상 can be used with particles such as 으로, 에서, or 의 to indicate that an order or position is ahead of or above a certain standard.

  ex 이상으로 오늘 강연을 마치겠습니다.

- 이상, when used at the end of a document or speech, indicates the conclusion and is mostly used in front of younger people or subordinates.

  ex 이것으로 오리엔테이션을 마치겠다. 이상.

Answers

① A: 바빠서 운동할 시간이 없어요.
B: 시간을 내서 운동하기 어려운 이상 생활 속에서 할 수 있는 운동을 찾아야지요.

② A: 친한 친구가 돈을 빌려 달라고 해요.
B: 친한 친구인 이상 도와줄 수밖에 없지요.

③ A: 드라마 촬영장에 가서 구경하려고 해요.
B: 방송국 관계자가 아닌 이상 촬영지에 함부로 들어갈 수 없어요. 한번 알아보고 계획을 세우세요.

④ A: 룸메이트와 성격이 달라서 사사건건 부딪치게 돼요.
B: 서로 성격이 안 맞는 이상 따로 사는 편이 낫지요. 잘 생각해서 결정하세요.

PART1 들어 봅시다 아리랑에 대한 강연 듣기

p.183

Vocabulary & Expression

여러 가지 설이 있다	There are many theories

Here, 설 is an opinion, claim, theory, or popular view. This expression indicates that a certain matter has a variety of theories and stories about how it originated. The expression is usually used to talk about the origin or source of a subject.

ex 청국장을 먹기 시작한 시기에 대해서는 여러 가지 설이 있는데 그중 고구려 시대부터 먹기 시작했다는 설이 가장 유력하대요.

가슴이 뭉클할 정도로 구슬프다	It is sad and mournful enough to choke one's heart up

뭉클하다 indicates an overwhelmingly sad or touching feeling filling one's heart. 구슬프다 means to be forlorn and sad. Thus, this expression is used when one is overwhelmed with lonely, mournful, desolate, and sad feelings. You can also use words representing emotions such as 감동적이다, 그립다, or 기쁘다.

ex 슬픔에 빠진 유가족들의 울음소리는 가슴이 뭉클할 정도로 구슬프게 들렸습니다.

동서양을 막론하고	East and West alike

막론하다 indicates not nitpicking little details. Therefore, this expression refers to both the East and the west together. 막론하다 is mostly used with words such as 이유, 시대, 누구 and 남녀노소.

ex 동서양을 막론하고 맑고 깨끗한 피부는 미인의 필수 조건이다.

ex 이유를 막론하고 공인으로서 물의를 일으킨 점 깊이 반성하고 있습니다. 죄송합니다.

Listening Guide

A leading expert is giving a lecture on Arirang, a well-known type of Korean folk song. Listen carefully for the significance, different types, and features of Arirang. (☞『이화 한국어 5』 Track 74)

Answers

(1) ② 전문가는 강연에서 아리랑의 의미와 가사 내용, 지역별 종류, 아리랑이 사랑을 받는 이유, 아리랑을 편곡한 예를 설명하고 있다.

(2) 교재 정답 p.210 참고

(3) ① 네 ② 아니요 ③ 아니요
아리랑의 멜로디는 미국에서는 찬송가로 유럽에서는 자장가로 편곡되어 불리고 있다.

Vocabulary & Expression

흔치 않았음에도 불구하고	despite the fact that it was not very commonplace

흔치 않다 is short for 흔하지 않다 and indicates that a certain event does not happen very often or does not easily take place. It can be replaced with 드물다 or 적다.

ex 루이 씨는 한국 사람과 만날 기회가 흔치 않았음에도 불구하고 한국어뿐만 아니라 한국 문화에 대해서도 매우 잘 알고 있던데요.

ex 우리 할머니께서는 당시에 대학을 나온 여성들이 드물었음에도 불구하고 외국 유학까지 다녀오셨다.

언뜻 봤을 때는	when you take a glimpse of it, at first glance

언뜻 indicates a very brief, passing moment and thus this expression refers to the impression one receives from a brief glimpse of something. 언뜻 can be replaced with expressions such as 얼핏, 슬쩍, 잠깐, etc.

ex 사라 씨가 쓴 글을 언뜻 봤을 때는 틀린 것이 없는 것 같았는데 자세히 읽어 보니 실수한 부분이 좀 있네요.

ex 저 영화 예고하는 걸 얼핏 봤는데 유명한 배우가 주인공으로 나오고 내용도 정말 재미있어 보이더라고요.

곤충을 위주로 그린 그림	paintings primarily of insects

위주 means to take something as a standard or foundation. Thus, this expression indicates that the theme and focus of the painting is the insects. 위주 is usually used when something forms the foundation or standard of something else.

ex 그 화가는 주로 곤충을 위주로 그림을 그리다 보니 풍경을 그리는 솜씨는 부족해요.

ex 오늘은 공격보다는 수비 위주로 경기를 운영하여 승리할 수 있었던 것 같습니다.

미처 몰랐다	I never noticed that, I never knew that

This expression is used when a person had not yet thought about a matter to a certain extent. 여태, 이제껏, or 여지껏 can be used instead of 미처.

ex 혼자 사는 것이 이렇게 외롭고 힘든 일인지 미처 몰랐어요.

Grammar Focus

–(으)리라 indicates the speaker's will or determination. It is an old-fashioned tone of speaking, mostly used to a close friend or younger person. However, these days, the expression is used when writing poems or song lyrics or when talking to oneself, rather than in regular conversations. –(으)리라 can be replaced with –(으)리 without any difference in meaning, and is used with a verb.

Basic form	–(으)리라	Basic form	–(으)리라
떠나다	떠나리라	잊다	잊으리라
고백하다	고백하리라	살다	살리라
잡다	잡으리라	돕다	도우리라

ex A: 올림픽 마라톤에서 2회 연속으로 세계 신기록을 세우며 금메달을 따셨는데요. 어떤 마음으로 경기에 임하셨나요?
B: 42.195㎞를 뛰는 동안 여러 고비가 많았습니다. 포기하고 싶었던 순간이 있었지만 꼭 완주하리라 결심하고 끝까지 달렸습니다.

ex A: 신문 기사 봤어요? 어떤 할머니께서 넉넉하지 않은 형편인데 평생 동안 모으신 돈을 대학교에 기부하셨대요.
B: 저도 그 기사 봤어요. 할머니께서는 배우지 못한 것에 한이 맺혀서 돈 때문에 공부를 못하는 사람을 도우리라 다짐하셨다던데요.

ex A: 지은 씨, 또 머리를 잘랐어요? 지난번에 머리를 기른다고 하지 않았어요?
B: 네. 이번에는 꼭 머리를 기르리라 생각했는데요. 너무 답답해서 못 참고 잘라 버렸어요.

ex A: 퇴직을 하시고도 이렇게 또 다른 직업을 찾으신 이유는 무엇인가요?
B: 퇴직은 인생의 끝이 아니라 시작이라고 생각했거든요. 퇴직 후에도 의미있는 삶을 살리라 마음먹었습니다.

ex A: 와! 이번 듣기 시험 다 맞았어? 대단하다.
B: 내가 시험 볼 때마다 좀 덤벙거려서 이번에는 실수하지 않으리라 생각하고 집중해서 들었거든.

ex A: 사오리 씨는 이 시에서 어떤 부분이 가장 마음에 와 닿았어요?
B: '좋은 열매를 맺을 때까지 아낌없이 내 모든 것을 그대에게 바치리라'라는 부분에 공감이 갔어요.

ex 오늘 할 일을 내일로 미루지 않으리라.

ex 설령 지금 죽는다 하여도 내 신념은 바꾸지 않으리라.

Focus Plus

- –(으)리라 can be used not only to show the speaker's will or determination but also to represent the speaker's assumption. When indicating an assumption, –(으)리라 can also be used in its past tense form, –았/었으리라. It is mostly used with expressions such as 보다, 상승하다, 회복되다, etc.

ex A: 내년 집값과 전셋값 전망은 어떻습니까?
B: 내년에도 올해와 마찬가지로 집값은 하락하고 전셋값은 상승하리라 전망됩니다.

ex A: 유학 간 아들 걱정에 요즘 잠이 잘 안 와요.
B: 소영 씨 아들은 어디에서나 잘 지내니까 금방 적응했으리라 생각되는데요. 너무 걱정하지 마세요.

ex A: 제가 이 신발을 갖고 싶어 한다는 걸 어떻게 알았어요?
B: 지난번에 이 신발을 보고 사라 씨가 눈을 떼지 못하길래 이걸 선물하면 사라 씨가 좋아하리라 생각했어요.

- There is no significant difference in meaning even when –(으)리라 is used as –(으)리, omitting –라. However, there is another meaning in –(으)리, which is used to ask back in order to indicate that the speaker will never do such a thing. It is used with 어찌, 설마, 누가, etc. –(으)리 in this context can be replaced with –(으)랴, –(으)리오.

ex 살다 보면 힘든 날도 있겠지만 검은 머리 파뿌리 되도록 평생 당신만을 사랑하리라.
(= 사랑하리)

ex 힘들어하는 모습을 보고 어찌 모르는 척을 할 수 있으리.
(= 있으리오, 있으랴)

ex 설마 이 정도 낮은 산도 못 오르리.
(= 오르리오, 오르랴)

ex 누가 나 같은 노인을 보러 와 주리.
(= 주리오, 주랴)

Answers

① 유학을 마치고 고향에 돌아가면 부모님께 효도하리라.
② 은퇴 후에는 도움의 손길이 필요한 사람들을 위해 여생을 바치리라.
③ 그녀를 다시 만날 기회가 주어진다면 나의 마음을 꼭 고백하리라.
④ 지금은 연기력이 부족하지만 실력을 쌓아서 많은 사람들에게 인정받는 배우로 성장하리라.

p.188

Grammar Focus

-(으)오 is used when the listener is similar or lower in age compared to the speaker and the speaker wants to show a little respect to the listener. It is mostly used to give statements, questions, or demands, but is hardly used in modern colloquial Korean language. In a declarative or interrogative sentence, when the stem of an adjective or verb ends in a consonant -으오 or -소 is attached, and when it ends in a vowel, -오 is attached. In the case of -았-, -겠, 있다/없다, -소 is attached. When the stem of an adjective or verb ends in a consonant in an imperative sentence, -으(시)오 is attached, while it ends in a vowel, -(시)오 or -소 is attached.

Basic form	Declarative sentence	Interrogative sentence	Imperative sentence
예쁘다	예쁘오	예쁘오	-
깊다	깊으오/깊소	깊으오/깊소	-
가다	가오	가오	가(시)오/가소
읽다	읽으오/읽소	읽으오/읽소	읽으(시)오
만들다	만드오	만드오	만드(시)오/만드소
듣다	들으오/듣소	들으오/듣소	들으(시)오
맛있다	맛있으오/맛있소	맛있으오/맛있소	-
친구이다	친구요	친구요	-
학생이다	학생이오	학생이오	-

ex A: 시험이 언제 끝났소?
B: 어제 마지막 시험을 봤소. 이번에는 꼭 합격해야 하는데 걱정이오.

ex A: 빌려 준 책 잘 읽었소. 고맙소. 다음에도 또 책을 빌리러 가겠소.
B: 그 많은 책을 벌써 다 읽었소? 정말 읽는 속도가 빠르오.

ex A: 우리 여행 계획을 세웁시다.
B: 좋소. 혹시 가고 싶은 곳이 있으면 말하시오.
A: 전주에 한 번도 안 가 봤는데 그곳에 가는 건 어떻소?

ex A: 오늘 날씨가 참 맑으오. 오후가 되면 햇볕이 강할 테니 모자를 챙기시오.
B: 알겠소. 꼭 챙겨 가겠소.

ex A: 안색이 많이 안 좋아 보이오. 무슨 일이 있소?
B: 무슨 일이 있는 것은 아니고 어제 잠을 설쳐서 그렇소.

ex A: 술은 건강에 좋지 않은 영향을 주니 좀 줄이시오.
B: 줄이려고 노력하는데 그게 쉽지 않소. 좋은 방법이 있으면 알려주시오.

ex A: 여보시오. 길 좀 묻겠소. 이쪽으로 가면 종로가 나오오?
B: 그렇소. 이 길로 조금만 더 가면 종로요.

Focus Plus

- When −(으)오 is used with an adjective and −겠− to represent an assumption, it becomes −겠소.

  ex A: 당분간 비 소식이 없다고 하니 내일도 날씨가 덥겠소.
  B: 그럴 것 같소. 그늘에서 책이나 읽어야겠소.

  ex A: 원하던 아들을 낳아서 무척 기쁘겠소. 축하하오.
  B: 축하 고맙소. 언제 한번 술 한잔 사겠소.

- −(으)오 can come behind the honorific morpheme −(으)시−, but −소 cannot.

  ex 오늘 오후까지 지시한 일을 끝내 놓으시오. (○)
  오늘 오후까지 지시한 일을 끝내 놓으시소. (×)

  ex 아버님께서는 어떤 책을 즐겨 읽으시오? (○)
  아버님께서는 어떤 책을 즐겨 읽으시소? (×)

- −(으)오 can be used in directions such as guides and notices.

  ex (잔디밭 안내문) 잔디밭에 들어가지 마시오.

  ex (시험 문제) 다음을 읽고 자신의 생각을 400자 내외로 서술하시오.

Answers

① A: 뭘 그렇게 찾고 있소?
B: 아무래도 지갑을 잃어버린 것 같으오/같소.

② A: 다들 늦게까지 수고가 많았소.
B: 조심해서 들어가오/들어가시오.

③ A: 학업을 마치고 무엇을 할 계획이오?
B: 우선 일자리를 알아보려고 하오.

④ A: 김 대리가 과로로 입원을 했다고 하오.
B: 그렇소? 문병하러 같이 갑시다.

Vocabulary & Expression

하늘로 돌아가다	to return to heaven

This expression refers to death. By using 돌아가다 to describe death, it metaphorically indicates that death is not the end of life and that since we come from heaven, we are simply returning.

소풍 끝내는 날	to bring an excursion to a close

Here, 소풍 is a metaphor for existence and life. Thus, this expression refers to the day that life ends or the day of death.

한 방울도 남김없이 타오리다	to burn up to the last drop

This expression refers to a completely self-sacrificing and self-giving love, indicating that the speaker will sacrifice everything for his lover just as a candle burns to the end.

호젓이 나의 밤을 새이오리다	I'll be up alone through the night

호젓이 means tranquil and solitary and expresses longing, fragile, and lonesome feelings for the loved one.

Reading Guide

「귀천」 written by 천상병 and 「내 마음은」 by 김동명 are two leading poems in Korea. Read carefully for what the poetic figures of speech metaphorically symbolize. (☞ 『이화 한국어 5』 p.190)

Answers

(1) ② 보통 죽음이라 하면 암울하고 부정적인 것을 의미하는데 첫 번째 시에서 죽음은 이슬이나 노을빛이 사라지는 것처럼 자연스러운 현상이라고 말하고 있다. 마지막 연에서 죽음을 소풍 갔다 오는 것처럼 아름다운 일이라고 비유하면서 자신의 인생이 행복하다고 말하고 있다.

(2) 삶에 대한 낙관적인 인식을 보여 주는 단어는 소풍이다.

(3) 호수는 순수함과 투명함, 촛불은 뜨거움과 연약함, 나그네는 외로움과 쓸쓸함, 낙엽은 이별과 애달픔을 의미한다.

(4) ④ 두 번째 시의 4연에서는 임과의 이별을 표현하고 있다.

Vocabulary Expansion

방에서 나오다 **to come out of the room**

Here, 나오다 means to come outside from inside.

ex 지은 씨가 방에서 나오다가 문턱에 걸려 넘어져서 다리를 다쳤대요.

ex 아이가 학교에서 무슨 일이 있었는지 하루 종일 방에만 있고 밖으로 나오지 않는다.

눈물이 나오다 **tears fall**

Here, 나오다 means to have emotional expressions or physiological functions appear.

ex 봄만 되면 꽃가루 알레르기 때문에 눈물이 나온다.

ex 영화가 너무 지루해서 계속 하품이 나왔다.

신제품이 나오다 **a new product is released**

Here, 나오다 indicates that a new product comes out on the market.

ex 새롭게 신제품이 나오면서 기존의 제품은 할인 행사에 들어갔다.

ex 계속해서 휴대 전화 신기종이 나오다 보니 제품을 사용하는 기간이 점점 짧아지고 있다.

고지서가 나오다 **utility bills are sent**

Here, 나오다 indicates that an informing, demanding, or inquiring document is arriving or being brought.

ex 등록금 고지서가 나와서 방금 전에 확인해 봤더니 등록금이 작년보다 2% 올랐더라.

ex 우리 아이가 태어난 게 엊그제 같은데 어느새 초등학교에 입학하라는 입학 통지서가 나왔다.

신문에 나오다 **to appear in the newspaper or to be reported in the newspaper**

Here, 나오다 indicates that an article or picture is being included.

ex 최초의 한국인 UN 사무총장이 탄생했다는 소식이 오늘 각 신문사 신문 1면에 나왔다.

ex 제가 그린 그림이 책에 나온 것을 보니까 그간의 고생이 떠올라 감격스럽고 뿌듯했어요.

대학을 나오다 **to graduate from college**

Here, 나오다 means to completes a regular program and graduate from an educational institution.

ex 요즘 심각한 취업난으로 대학을 나와도 취직이 어려운 실정입니다.

ex 미용에 관심이 있던 윤희 씨는 고등학교를 나온 후 미용 기술을 익혀 헤어 디자이너가 되었다.

p.197

Proverb

수박 겉핥기이다

To enjoy a watermelon, one should eat the sweet insides and not be satisfied with merely licking the hard surface. This proverb metaphorically describes a situation where a person does not thoroughly understand a matter and only skims over the surface.

ex 책을 수박 겉핥기 식으로 읽으면 내용이 기억나지 않을 것이다.

꿈보다 해몽이 좋다

해몽 refers to dream interpretation, analyzing whether a dream is lucky or unlucky. This proverb refers to interpreting a dream to be better than it actually is. It metaphorically describes a situation in which a person exaggerates or excessively interprets a trivial situation to be better or more pleasant than it really is.

ex 루이 씨는 꿈보다 해몽이 좋다는 말처럼 언짢은 일도 항상 긍정적으로 생각한다.

나무를 보고 숲을 보지 못한다

This saying depicts a situation in which a person does not see the whole picture of a matter or possibilities in the future and only focuses on things that are immediately visible. This proverb is used to express that one should look farther and wider to make a wise judgement when doing something.

ex 나무를 보고 숲을 보지 못한다고 살다보면 눈앞에 닥친 것만 보고 미래는 생각하지 못할 때가 많다.

Answers

3. (1) 수박 겉핥기이다

A: 젠하오 씨, 이번 시험에서 주관식 문제를 다 틀렸네요. 시험공부를 열심히 한 거 맞아요?

B: 요즘 회사 일이 바빠서 시험공부를 대충했습니다. 다음에는 시험공부를 충실히 하도록 하겠습니다.

A: 다음 시험에서도 이렇게 수박 겉핥기 식으로 공부하면 진급하기가 어려울 거예요. 다음부터는 더 꼼꼼하게 공부하세요.

(2) 나무를 보고 숲을 보지 못한다

A: 선배, 저 요즘 진로 때문에 고민이 많아요. 사실 저는 대학원에 진학해서 공부를 더 하고 싶은데요. 요즘 집안 사정이 좋지 않아서 공부할 형편이 못 되거든요. 어떻게 하는 게 좋을까요?

B: 당장의 상황만 보지 말고 인생 전체를 보고 신중하게 선택해. 나무를 보고 숲을 보지 못한다면 나중에 분명히 후회할 거야.

(3) 꿈보다 해몽이 좋다

A: 어젯밤에 꿈을 꾸었는데 꿈에 흰 돼지가 나왔어.

B: 정말? 그거 태몽이야. 꿈에 흰 돼지가 나오면 예쁜 딸이 태어나서 엄마를 호강시켜 준다고 하잖아.

A: 그래? 꿈보다 해몽이 좋네.

Vocabulary Check

Part 1 준비합시다 01

- 사사건건 every little thing, every inch of everything

Part 1 들어 봅시다

- 민요 folk song
- 고개 hill
- 임 one's beloved, one's love
- 편곡하다 to arrange a piece of music
- 한 bitter feelings, great regret, deep sorrows
- 민족 정서 sentiment of the people, national sentiment
- 찬송가 hymn
- 자장가 lullaby
- 구슬프다 to be sorrowful and sad
- 민간 folk, civil, private
- 집단 group, mass
- 설 theory, rumor
- 심정 one's feelings
- 단조롭다 to be monotonous and dull
- 뭉클하다 to be choked up with emotion, to be filled with emotion, to feel a lump in one's throat
- 들썩이다 to make a splash, to be in an upbeat mood
- 흥겹다 to be joyous, to be cheerful
- 응원가 cheering song, fight song
- 막론하다 to be regardless of, irrespective of, no matter what
- 되새기다 to chew over and over again, to think deeply, to be reminded, to reflect on

Part 1 말해 봅시다

- 얼핏 at first glance, in a flash
- 언뜻 at a glance, in an instant
- 생동감 liveliness
- 선명하다 to be clear, to be vivid
- 은은하다 to be hazy, to be dim and subtle
- 추상적 abstract
- 역동적 dynamic, active
- 사대부가 family of high official, noble family
- 능통하다 to be proficient, to be skillful
- 곤충 insect, bug

Part 2 준비합시다 01

- 은퇴 retirement
- 여생 the rest of one's life, one's remaining years

Part 2 준비합시다 02

- 한양 former name for Seoul
- 잔디밭 lawn, turf
- 문병하다 to visit a person in his or her sickbed

Part 2 읽어 봅시다

- 나그네 wanderer, traveler, vagabond
- 낙엽 fallen leaves
- 이슬 dew
- 소풍 picnic, excursion
- 스러지다 to fade, to fall down
- 노을빛 red glow in the sky at sunset
- 기슭 border, shore
- 노 젓다 to row, to handle an oar
- 그림자 shadow, silhouette

- 옥 jade, gem
- 뱃전 sides of a boat, gunwale
- 옷자락 train of a dress, the lower ends of clothes, hem
- 호젓이 alone, quietly
- 뜰 garden, yard
- 바람이 일다 wind rises
- 욕설을 퍼붓다 to hurl insults, to curse
- 출품하다 to submit to an exhibition
- 거부되다 to be denied, to be rejected
- 미적 가치 aesthetic quality, aesthetic value
- 절대적 absolute

Part 2 써 봅시다

- 열매를 맺다 to bear fruit, to be fruitful
- 아낌없이 generously, profusely
- 수줍다 to be shy, to be timid
- 그늘을 드리우다 to overshadow
- 안식처 haven, refuge, retreat

Part 3 토론해 봅시다

- 문전성시 constant stream of visitors
- 본질 true nature, substance, essence
- 더러 somewhat, from time to time

Topic Vocabulary

Artistic Activity

- 비평하다 to criticize, to comment
- 시를 낭송하다 to recite a poem
- 영감이 떠오르다 to have an inspiration
- 작품집(시집, 수필집)을 내다 to publish a collection of works (such as poetry, essays)

Glossary

Ⓣ Textbook Ⓢ Study Guide

가령 let's say, for example Ⓣ 177 Ⓢ 117

가설 hypothesis Ⓢ 42

가속화하다 to accelerate, to speed up Ⓣ 64 Ⓢ 45

가책 guilt, qualm Ⓣ 105 Ⓢ 69

가축 domestic animal Ⓣ 86 Ⓢ 57

가해자 assailant, perpetrator Ⓢ 47

각양각색 various styles, all kinds of Ⓣ 28 Ⓢ 20

간격 gap, spcace, interval Ⓢ 15

간발의 차이 by a head, by a close call Ⓢ 73

간밤 last night Ⓣ 146 Ⓢ 104

간지럼 tickle Ⓢ 102

감각 sense Ⓣ 20, 82, 154 Ⓢ 11, 20

감량 loss of weight Ⓣ 50 Ⓢ 25, 33

감성적 sensitive, sentimental, emotional Ⓣ 133 Ⓢ 92

감수하다 to put up with, to endure Ⓣ 159 Ⓢ 105

감시하다 to watch, to keep an eye on Ⓣ 140 Ⓢ 93

감지하다 to sense, to perceive Ⓣ 81, 82, 203 Ⓢ 53, 56

감탄사 exclamation Ⓣ 59, 60 Ⓢ 36, 44

강수량 precipitation, amount of rainfall Ⓣ 129 Ⓢ 92

강요하다 to force, to impose Ⓣ 32 Ⓢ 21

강제적 forced, compulsory Ⓣ 105 Ⓢ 69

개운하다 to be refreshing, to feel refreshed Ⓣ 134 Ⓢ 65, 92

개최하다 to hold, to host Ⓣ 45, 66 Ⓢ 15, 32

갸웃대다 to tilt one's head slightly with doubts Ⓢ 94

거대하다 to be giant, to be massive Ⓣ 136, 137, 207 Ⓢ 92

거듭하다 to repeat, to do again Ⓣ 64, 79 Ⓢ 45, 51, 54

거르다 to skip Ⓣ 38, 41, 42 Ⓢ 22, 32

거부되다 to be denied, to be rejected Ⓣ 195 Ⓢ 129

거북하다 to be uncomfortable, to be awkward Ⓢ 110

거세다 to be fierce, to be strong Ⓣ 82, 135 Ⓢ 56

거스르다 to go against, to defy Ⓣ 64 Ⓢ 41, 44

건축 양식 style of architecture Ⓣ 59, 60 Ⓢ 44

걸핏하면 at the slightest provocation, too often Ⓣ 41, 42, 138 Ⓢ 32, 79

검정고시 qualification examination Ⓢ 75

검증하다 to verify Ⓢ 42

검찰 prosecution Ⓢ 58

게 눈 감추듯이 (먹다) gulping down food, eating up in no time, eating greedily Ⓣ 116 Ⓢ 80

격려 encouragement Ⓣ 147 Ⓢ 39

결근하다 to be absent from work, to take a day off Ⓣ 151 Ⓢ 98, 104

결재 approval Ⓢ 114

결합 combination Ⓣ 64, 154 Ⓢ 45

경각심 self-awakening, alarm Ⓣ 129 Ⓢ 92

경계 watch, vigilance, keeping an eye on Ⓣ 135, 136, 138 Ⓢ 42, 92

경청 listening respectfully, listening with great interest Ⓣ 33, 48 Ⓢ 21, 83

경향 tendency, trend Ⓣ 28, 46, 47, 95, 200, 201 Ⓢ 18, 20, 64, 71

곁들이다 to add, to accompany, to garnish Ⓣ 118 Ⓢ 80

계승 taking over, succession Ⓣ 122 Ⓢ 81

고개 hill Ⓣ 183 Ⓢ 128

고령화 population aging Ⓣ 46, 110 Ⓢ 32, 70

고소하다 to sue, to file a lawsuit Ⓣ 159 Ⓢ 105

고스란히 just as it was, with nothing touched Ⓣ 28, 30, 118 Ⓢ 20

고온 다습하다 to be of high temperature and high

humidity Ⓣ 118 Ⓢ 80

고용 **employment** Ⓣ 153, 154, 208 Ⓢ 104

고유 **inherent, intrinsic, peculiar** Ⓣ 28, 122, 123, 202, 206 Ⓢ 20

고집을 꺾다 **to yield to another's will** Ⓣ 138 Ⓢ 93

곤경에 처하다 **to be in trouble, to be in hot water** Ⓣ 104 Ⓢ 69

곤충 **insect, bug** Ⓣ 186 Ⓢ 120, 128

골머리를 앓다 **to bother one's head, to trouble one's head** Ⓢ 49

곱지 않은 시선 **negative view** Ⓣ 156 Ⓢ 54, 105

공 **meritorious deeds, contribution** Ⓢ 82

공개되다 **to be open to the public** Ⓣ 66, 158 Ⓢ 45

공격하다 **to attack, to assault** Ⓣ 111, 205, 208 Ⓢ 80

공대를 나오다 **to graduate from a college of engineering** Ⓣ 20 Ⓢ 20

공로 **contribution, credit** Ⓣ 69 Ⓢ 45

공허하다 **to be empty, to be hollow** Ⓢ 39

과열되다 **to be overheated** Ⓣ 165, 209 Ⓢ 116

관절염 **arthritis** Ⓢ 30

관점 **point of view** Ⓣ 100, 101, 154 Ⓢ 68, 127

광경 **scene, view** Ⓣ 136 Ⓢ 92

괜한 걱정이다 **to have useless concern** Ⓣ 149, 150 Ⓢ 104

교통 체증 **traffic jam, traffic congestion** Ⓣ 151 Ⓢ 104

구두쇠 **miser, penny pincher, stingy person** Ⓣ 43, 157 Ⓢ 32

구상하다 **to map out a scheme, to formulate a plan** Ⓣ 100 Ⓢ 68, 86

구수하게 들리다 **to sound not very sophisticated but genuinely warm and charming, to sound countrified** Ⓣ 28 Ⓢ 20

구슬프다 **to be sorrowful and sad** Ⓣ 183, 210 Ⓢ 119, 128

구조 대원 **rescuers, rescue workers** Ⓣ 79 Ⓢ 56

구축되다 **to be constructed, to be built** Ⓣ 82 Ⓢ 56

구현 **realization, embodiment** Ⓣ 128 Ⓢ 83, 92

구호품 **alms, relief goods** Ⓢ 24

국경을 초월하다 **to be beyond national boundaries** Ⓣ 204 Ⓢ 68

궂다 **to be bad, to be undesirable, to be nasty** Ⓣ 115 Ⓢ 80

권력 **power, authority** Ⓢ 39

귀띔하다 **to give a hint, to tip off** Ⓣ 200 Ⓢ 20

귀족 **noble, aristocrat** Ⓣ 64 Ⓢ 41, 44

귀천이 없다 **to be equally respectable** Ⓣ 156 Ⓢ 105

귀하다 **to be noble, to be valuable, to be rare** Ⓣ 64, 65, 156 Ⓢ 44

규모 **scale** Ⓣ 26 Ⓢ 16, 20, 74

규범 **norm, code** Ⓣ 105 Ⓢ 69

규제하다 **to regulate, to restrict** Ⓣ 104 Ⓢ 69

그나저나 **by the way, anyhow** Ⓣ 168 Ⓢ 109, 116

그늘을 드리우다 **to overshadow** Ⓣ 192 Ⓢ 129

그릇되다 **to be mistaken, to be wrong** Ⓣ 87 Ⓢ 57

그림자 **shadow, silhouette** Ⓣ 190 Ⓢ 128

그지없다 **to be limitless, beyond expression** Ⓣ 59, 60 Ⓢ 44

근대화 **modernization** Ⓢ 59

근면하다 **to be diligent** Ⓣ 100 Ⓢ 68

금속 활자 **metal blocks, metal printing type** Ⓣ 66 Ⓢ 45

금액 **amount of money** Ⓣ 177 Ⓢ 117

금융 위기 **financial crisis** Ⓣ 208 Ⓢ 116

뇌리에 남다 to be engraved into one's brain Ⓣ 154 Ⓢ 101, 104
눈높이 at one's eye level Ⓣ 25 Ⓢ 15, 20, 29, 52
눈에 들어오다 to be within sight, to catch a glimpse Ⓣ 102, 136 Ⓢ 91, 93
눈에 선하다 to be live in one's memory Ⓢ 85
눈이 마주치다 to make eye contact Ⓣ 136 Ⓢ 93
느릿느릿 slowly, sluggishly Ⓣ 99 Ⓢ 68
능동적 active Ⓣ 172 Ⓢ 116
능통하다 to be proficient, to be skillful Ⓣ 186 Ⓢ 128

다반사 daily event, happens all the time Ⓣ 41, 42 Ⓢ 32
다산 fertility Ⓣ 206 Ⓢ 71, 80
단서 clue Ⓢ 106
단적 straightforward, frank, direct Ⓣ 154 Ⓢ 104
단조롭다 to be monotonous and dull Ⓣ 209 Ⓢ 128
달가워하다 to be happy about Ⓣ 156 Ⓢ 105
달하다 to reach Ⓣ 26, 100, 129, 154 Ⓢ 16, 20
대기 오염 air pollution Ⓣ 131 Ⓢ 93
대대손손 generation after generation Ⓣ 122 Ⓢ 81
대상 object, target Ⓣ 30, 31, 45, 46, 100, 112–114, 194 Ⓢ 29, 32, 72, 80
더러 somewhat, from time to time Ⓣ 194 Ⓢ 129
더미 stack, pile Ⓣ 207 Ⓢ 92
더부룩하다 to feel bloated Ⓣ 92 Ⓢ 58, 68
덤벙거리다 to act frivolously Ⓢ 121
덫 trap Ⓢ 66
도끼 axe, hatchet Ⓣ 98 Ⓢ 64, 68
도달하다 to arrive, to reach Ⓣ 100 Ⓢ 68
도덕적 moral, ethical Ⓣ 104, 105 Ⓢ 69
도래 arrival Ⓣ 46, 82 Ⓢ 32
도박 gambling Ⓢ 75
도배 covering the wall with Ⓣ 158 Ⓢ 105
도주하다 to escape Ⓢ 102
도태되다 to be dismissed, to be weeded out Ⓣ 100 Ⓢ 68
독창적 original, creative Ⓣ 57, 202 Ⓢ 44
돈독하다 to be friendly and close, to strengthen, to solidify Ⓣ 78 Ⓢ 56
돈을 펑펑 쓰다 to splurge money Ⓢ 117
돈을 흥청망청 쓰다 to spend money wastefully Ⓢ 117
돋보이다 to stand out, to look better than Ⓣ 45 Ⓢ 32
동거 living together, cohabitation Ⓣ 138 Ⓢ 93
동일하다 to be identical, to be same Ⓣ 28, 74, 191 Ⓢ 20, 41
동참하다 to participate, to join Ⓣ 147, 208 Ⓢ 67, 104
동향 trend, tendency Ⓣ 165, 208, 209 Ⓢ 108, 116
되새기다 to chew over and over again, to think deeply, to be reminded, to reflect on Ⓣ 210 Ⓢ 128
둘도 없다 to be unrivaled, to be unique Ⓣ 102, 138, 170 Ⓢ 69, 112
둥지 nest Ⓣ 135, 136 Ⓢ 92
뒤지다 to search Ⓣ 169 Ⓢ 111, 116
들썩이다 to make a splash, to be in an upbeat mood Ⓣ 210 Ⓢ 128
들키다 to be caught, to be caught red-handed Ⓢ 18
등록금 고지서 tuition bill Ⓢ 126
등장하다 to show up, to appear on stage Ⓣ 64, 65, 135, 204 Ⓢ 41, 45
등재되다 to be listed on the record Ⓣ 60, 202 Ⓢ 35, 44
딛다 to get over Ⓣ 208 Ⓢ 116
딱히 not necessarily, not exactly Ⓣ 92 Ⓢ 58, 68

뿌리박히다 to take root, to be deeply embedded Ⓣ 100 Ⓢ 68

삐다 to sprain, to twist Ⓣ 116 Ⓢ 76, 80

사교육비 private education cost Ⓣ 97 Ⓢ 62, 68

사대부가 family of high official, noble family Ⓣ 186 Ⓢ 128

사사건건 every little thing, every inch of everything Ⓣ 182 Ⓢ 118, 128

사상 thought, idea, ideology Ⓣ 205 Ⓢ 80

사태 situation Ⓣ 129, 206 Ⓢ 92

산꼭대기 mountaintop, peak Ⓣ 99 Ⓢ 68

산신령 guardian spirit of a mountain Ⓣ 98 Ⓢ 64, 68

산업 폐기물 industrial waste Ⓣ 140 Ⓢ 93

삼가다 to refrain, to abstain Ⓢ 66

삼림욕 therapeutic walk in the woods Ⓣ 44 Ⓢ 28, 32

상감 기법 inlaying technique Ⓣ 57, 202 Ⓢ 35, 44

상금 prize money, cash prize Ⓣ 102 Ⓢ 69

상세하다 to be detailed Ⓣ 172, 173, 209 Ⓢ 116

상승 increase, rise Ⓣ 97, 154, 167 Ⓢ 62, 68

상식 common sense, general knowledge Ⓣ 203 Ⓢ 56

상징 symbol, icon Ⓣ 111, 205 Ⓢ 71, 80

새기다 to carve Ⓣ 57 Ⓢ 44

새끼 양 lamb Ⓣ 63, 64 Ⓢ 44

새빨간 거짓말 downright lie, complete fabrication Ⓢ 21

새삼 anew, yet again Ⓣ 120 Ⓢ 81

생계 living, bread and butter Ⓣ 118, 204 Ⓢ 68

생동감 liveliness Ⓣ 185, 186 Ⓢ 128

생명 경시 풍조 trend of devaluing life Ⓣ 87, 204 Ⓢ 57

생산 production Ⓣ 86, 165, 208 Ⓢ 57, 60

생태계 ecosystem Ⓣ 86 Ⓢ 57

생활화되다 to become a way of life, to make a habit of Ⓣ 208 Ⓢ 95, 104

서구화 Westernization, occidentalization Ⓢ 59

서서히 변하다 to change gradually Ⓢ 69

선망의 대상 object of envy Ⓣ 45, 46 Ⓢ 29, 32

선명하다 to be clear, to be vivid Ⓣ 185, 186 Ⓢ 128

선보이다 to introduce Ⓣ 208 Ⓢ 116

선정적이다 to be provocative, to be sensational Ⓣ 207 Ⓢ 104

선풍적 sensational Ⓣ 172 Ⓢ 117

섣불리 carelessly, thoughtlessly Ⓣ 115 Ⓢ 74, 80

설 theory, rumor Ⓣ 209 Ⓢ 128

설치하다 to install Ⓣ 82, 207 Ⓢ 56

성공을 거두다 to gain success Ⓣ 74, 88, 204 Ⓢ 47, 54, 56

성과 result, outcome Ⓣ 100, 101, 178, 209 Ⓢ 43, 65, 68, 114

성서 the Bible, the Scriptures Ⓣ 66 Ⓢ 45

성장 growth, progress Ⓣ 64, 93, 208 Ⓢ 45

성직자 clergyman Ⓣ 64 Ⓢ 41, 44

성화 annoyance Ⓢ 89

세 살 적 버릇이 여든까지 간다 Old habits die hard. What is learned in the cradle is carried to the tomb. Ⓢ 30, 33

세대 generation Ⓣ 93, 204, 206 Ⓢ 59, 68

세안 wash one's face Ⓣ 133 Ⓢ 86, 92

소곤대다 to talk in a whisper Ⓢ 94

소유하다 to possess Ⓣ 64 Ⓢ 44

소통 communication Ⓣ 208 Ⓢ 95, 104

소풍 picnic, excursion Ⓣ 189, 190, 210 Ⓢ 125, 128

아토피 피부염 atopic dermatitis Ⓣ 39 Ⓢ 32

악성 댓글 malicious comments, vicious postings Ⓣ 158, 208 Ⓢ 105

안식처 haven, refuge, retreat Ⓣ 192 Ⓢ 129

안타깝다 to feel pity for Ⓣ 56 Ⓢ 34, 44

알다가도 모르다 to not readily understand the situation Ⓣ 170 Ⓢ 112, 116

알뜰 saving, thrifty, frugal Ⓣ 176 Ⓢ 117

알뜰살뜰하다 to be very frugal Ⓢ 117

알레르기성 비염 allergic coryza Ⓣ 39, 201 Ⓢ 23, 32

알을 품다 to sit on an egg, to incubate Ⓣ 135, 136 Ⓢ 92

암기하다 to memorize, to learn by heart Ⓣ 68 Ⓢ 45

압력 pressure Ⓢ 89

압축적 compressive, compact Ⓣ 30 Ⓢ 21

애를 먹다 to struggle, to go through a lot of trouble Ⓣ 61 Ⓢ 38, 44

애쓰다 to make efforts Ⓣ 141 Ⓢ 93

애초 the very first, the start Ⓣ 33 Ⓢ 21

야생 동물 wild animals Ⓢ 66

양심 conscience, moral sense Ⓣ 105, 106, 205 Ⓢ 69

양피지 sheepskin, parchment Ⓣ 63–65 Ⓢ 41, 44

어렴풋이 dimly, vaguely Ⓢ 87

어리석다 to be foolish, to be silly Ⓣ 128 Ⓢ 92

어마어마하다 to be tremendous, to be enormous Ⓣ 26 Ⓢ 16, 20, 60

어미 mother animal Ⓣ 135–138, 207 Ⓢ 92

어제 다르고 오늘 다르다 change seems to come at the speed of light Ⓢ 69

언뜻 at a glance, in an instant Ⓣ 185, 186 Ⓢ 120, 128

얼핏 at first glance, in a flash Ⓣ 185, 186 Ⓢ 120, 128

엄두가 안 나다 to be beyond one's power, cannot even dream of it Ⓣ 167, 168 Ⓢ 116

엄살을 떨다 to exaggerate pain, to make a fuss Ⓢ 94

엄지손가락 thumb Ⓣ 21, 200 Ⓢ 20

업적 achievements Ⓣ 66, 68–70, 203 Ⓢ 42, 43, 45

업종 type of industry, category of business Ⓣ 154 Ⓢ 102, 104

엉금엉금 crawling, on all fours Ⓣ 102 Ⓢ 69

엉뚱하다 to be unexpected, to be far off the mark, to be extravagant Ⓣ 116 Ⓢ 80

엎드리다 to face down, to lie on one's face Ⓣ 134 Ⓢ 92

여건 given circumstance Ⓣ 95, 96 Ⓢ 68

여과 없이 without any censorship Ⓣ 158 Ⓢ 105

여관 inn Ⓢ 90

여론 public opinion Ⓢ 58

여생 the rest of one's life, one's remaining years Ⓣ 187 Ⓢ 122, 128

여지 room, leeway Ⓣ 206 Ⓢ 84, 92

역동적 dynamic, active Ⓣ 185, 186 Ⓢ 128

역부족 beyond its capacity, not enough Ⓣ 100 Ⓢ 69

역사가 흐르다 history flows Ⓢ 45

역사에 발자취를 남기다 to leave footprints on history Ⓢ 45

역사의 한 페이지를 장식하다 to set a new milestone in history Ⓢ 45

연년생 born year after year Ⓣ 138 Ⓢ 93

연못 pond Ⓣ 60, 98 Ⓢ 44, 64

열매를 맺다 to bear fruit, to be fruitful Ⓣ 192 Ⓢ 121, 129

열악하다 to be deteriorated, to be inferior Ⓣ 69 Ⓢ 45

열풍 boom, wave, craze Ⓣ 44–47, 82, 110 Ⓢ 29, 32,

윤리적 ethical Ⓣ 74, 105 Ⓢ 47, 56
으르렁대다 to growl, to roar Ⓣ 138 Ⓢ 93
은사 the teacher one has studied under, one's former teacher Ⓢ 114
은은하다 to be hazy, to be dim and subtle Ⓣ 185, 186 Ⓢ 128
은퇴 retirement Ⓣ 187 Ⓢ 122, 128
은혜 blessing, favor, grace Ⓢ 38
음질 sound quality Ⓣ 174 Ⓢ 117
응원가 cheering song, fight song Ⓣ 210 Ⓢ 128
의무 duty, obligation Ⓣ 62, 104, 159 Ⓢ 64, 69
의존하다 to depend on, to rely on Ⓣ 76, 78 Ⓢ 56, 64
이기적 selfish, self-centered, egoistic Ⓣ 87, 102, 104 Ⓢ 57, 78
이론 theory Ⓣ 68–70 Ⓢ 42, 45
이를테면 so to speak, for instance Ⓣ 30, 203 Ⓢ 21, 48
이리저리 from place to place, here and there Ⓣ 146 Ⓢ 94, 104
이맘때 about this time Ⓣ 24 Ⓢ 13, 16, 20
이면지 reusable paper, scrap paper Ⓣ 140, 141 Ⓢ 93
이슬 dew Ⓣ 189–191, 210 Ⓢ 125, 128
이유식 weaning food, baby food Ⓣ 118 Ⓢ 81
이주민 immigrants, migrants Ⓣ 84 Ⓢ 56
이타적 unselfish, altruistic Ⓣ 104 Ⓢ 69
익살스럽다 to be humorous, to be comical Ⓣ 28, 185 Ⓢ 20
인건비 personnel expenses, labor costs Ⓢ 97
인공지능 artificial intelligence Ⓢ 57
인권 human rights, civil rights Ⓣ 158, 159 Ⓢ 105
인기 만점 exceptionally popular Ⓣ 171 Ⓢ 116
인기척이 나다 to sense someone's presence Ⓣ 170 Ⓢ 116
인쇄본 printed book Ⓣ 66 Ⓢ 45
인식하다 to perceive Ⓣ 82 Ⓢ 56
인신공격 personal attack, personal insult Ⓣ 147, 149, 208 Ⓢ 104
인원 the number of people Ⓣ 115 Ⓢ 74, 80
인재 best brains, man of talent, outstanding individual Ⓣ 50 Ⓢ 33
인증 certification Ⓢ 95
인지도 awareness, popularity Ⓣ 154 Ⓢ 104
인터넷 실명제 internet real-name system Ⓢ 105
인터넷에 중독되다 to be addicted to the Internet Ⓢ 105
인하하다 to reduce, to cut down Ⓣ 177 Ⓢ 117
일깨우다 to enlighten Ⓣ 75, 129 Ⓢ 56
일방적 unilateral, one-sided Ⓣ 172 Ⓢ 117
일컫다 to call, to refer Ⓣ 46, 47, 70, 118, 202 Ⓢ 32, 108
일행 company Ⓣ 61 Ⓢ 38, 44
일확천금 get-rich-quick Ⓢ 30
임 one's beloved, one's love Ⓣ 183, 191, 209, 210 Ⓢ 125, 128
잇따르다 to occur in succession Ⓢ 63

자가운전자 owner driver Ⓣ 38 Ⓢ 22, 32
자국 one's own country Ⓣ 21, 30, 31, 94, 111, 120, 121 Ⓢ 20, 71
자극적 stimulating, provocative, spicy, pungent Ⓣ 40, 42 Ⓢ 32
자동화되다 to be automated Ⓢ 57
자아상 self-image Ⓣ 50 Ⓢ 33
자율성 autonomy, self-regulation Ⓣ 105 Ⓢ 61, 69

101

존중하다 to respect Ⓣ 111, 205 Ⓢ 71, 80

좀처럼 not easily, rarely, seldom Ⓣ 80 Ⓢ 52, 56, 106

좌우되다 to be swayed, to be influenced Ⓣ 172 Ⓢ 117

주관하다 to supervise, to be in charge of, to organize Ⓣ 84 Ⓢ 56

주권 sovereignty Ⓢ 59

주식 staple food Ⓣ 118 Ⓢ 77, 80

주연 leading role Ⓣ 26 Ⓢ 16, 20

중계방송 relay broadcasting Ⓢ 58

중력 gravity Ⓣ 68 Ⓢ 45

중시하다 to take something seriously, to think much of Ⓣ 118 Ⓢ 81

중턱 hillside, halfway up/down Ⓣ 102, 207 Ⓢ 92

증대 increase Ⓣ 154 Ⓢ 104

지니다 to carry, to have, to bear Ⓣ 46, 63, 195, 210 Ⓢ 32

지불하다 to pay, to make payment Ⓣ 176 Ⓢ 117

지속적 continuous, lasting Ⓣ 128, 206 Ⓢ 83, 92

지장을 주다 to cause inconvenience Ⓣ 39, 201 Ⓢ 23, 32

지적하다 to point out Ⓣ 32, 53 Ⓢ 21, 95

지정되다 to be designated Ⓣ 60, 202 Ⓢ 35, 44

지혜 wisdom Ⓣ 64 Ⓢ 45

직간접적 directly or indirectly Ⓣ 172 Ⓢ 117

진정하다 to be true, to be real Ⓣ 33, 50, 51, 74, 194, 202 Ⓢ 21, 39, 47, 84

진화하다 to evolve Ⓣ 82 Ⓢ 56

집단 group, mass Ⓣ 209 Ⓢ 128

집어삼키다 to gulp down, to swallow Ⓣ 136 Ⓢ 92

쪽지 note, a slip of paper Ⓢ 18

차단 block, shut down Ⓣ 147, 207 Ⓢ 95, 104

차질 setback, snag Ⓢ 52

차차 gradually, little by little Ⓣ 168 Ⓢ 116

찬송가 hymn Ⓣ 183, 210 Ⓢ 119, 128

참담하다 to be miserable, to be horrible Ⓢ 34

창제 invention, creation Ⓣ 57, 202 Ⓢ 44

창출 creation Ⓣ 153, 154 Ⓢ 101, 104

채취하다 to pick, to extract Ⓢ 35

채택되다 to be adopted, to be selected Ⓣ 111, 205 Ⓢ 80

처벌 punishment, penalty Ⓣ 105 Ⓢ 69

척도 measure, barometer, standard Ⓣ 51 Ⓢ 33, 43

천연기념물 natural treasure, protected species Ⓢ 35

천재 genius, prodigy Ⓣ 43 Ⓢ 26, 32

철학 philosophy Ⓣ 136 Ⓢ 92

첨단 기술 high technology, advanced technology Ⓣ 75 Ⓢ 56

첨단 산업을 육성하다 to nurture cutting-edge industry Ⓢ 57

첨부하다 to attach Ⓣ 171, 172 Ⓢ 116

청국장 fast-fermented bean paste Ⓢ 119

청자 celadon porcelain Ⓣ 57, 202 Ⓢ 44

체면 dignity, reputation, face Ⓢ 42

초라하다 to be shabby, to be poor-looking Ⓢ 89

초상권 portrait rights Ⓣ 159 Ⓢ 105

초월하다 to rise above, to go beyond, to transcend Ⓣ 69, 204 Ⓢ 45, 68

촉촉하다 to be moist, to be moisturized Ⓣ 171 Ⓢ 116

총체적 as a whole, in general, overall Ⓣ 176 Ⓢ 117

최고 the best, supreme, highest Ⓣ 33, 66, 128, 174, 202 Ⓢ 35–37, 45, 54, 74, 82, 83

폐수 waste water, liquid waste Ⓣ 140 Ⓢ 93
포기 clump Ⓣ 130–132 Ⓢ 92
폭력적이다 to be violent Ⓣ 207 Ⓢ 104
폭행 assault, attack Ⓢ 63
풀어내다 to work out, to solve Ⓣ 156 Ⓢ 105
풍년 a year of abundance, a bumper year Ⓢ 90
풍요 abundance, affluence Ⓣ 206 Ⓢ 71, 80
풍요롭다 to be rich, to be abundant Ⓣ 86 Ⓢ 57
퓨전 fusion Ⓣ 122, 123 Ⓢ 81
프로슈머 prosumer Ⓣ 172 Ⓢ 117
피땀 흘리다 to put blood, sweat, and tears into a job, to work extremely hard Ⓣ 79 Ⓢ 51, 56

하긴 as a matter of fact, actually Ⓣ 96 Ⓢ 68
하늘 높은 줄 모르다 to be sky-high, to go through the roof Ⓣ 166, 168 Ⓢ 116
하도 excessively, too much Ⓣ 20, 146 Ⓢ 11, 20
하루가 다르게 변하다 to change by the day Ⓣ 204 Ⓢ 59, 68
하루가 새롭다 to feel renewed everyday Ⓢ 69
학 crane Ⓣ 57, 202 Ⓢ 44
한 bitter feelings, great regret, deep sorrows Ⓣ 183 Ⓢ 128
한 줄기 빛 a streak of light, a silver lining Ⓣ 48 Ⓢ 33
한 폭의 그림 같다 to look like a perfect picture Ⓣ 60 Ⓢ 44
한 획을 긋다 to draw a stroke, to mark a new era Ⓢ 45
한결 noticeably, much more Ⓣ 136 Ⓢ 92
한몫하다 to take part in Ⓣ 84 Ⓢ 56
한바탕 a burst of, a gust of, a bout of Ⓣ 138 Ⓢ 93
한숨 rest, brief sleep Ⓣ 100, 146 Ⓢ 65, 69
한심하다 to be pitiful, to be pathetic Ⓣ 56, 100 Ⓢ 44
한양 former name for Seoul Ⓣ 188 Ⓢ 128
한층 much more, all the more Ⓣ 46, 128 Ⓢ 32
합리적 reasonable, rational Ⓣ 176, 177 Ⓢ 117
항아리 pot, jar Ⓣ 67, 118 Ⓢ 81
항의하다 to protest, to complain Ⓢ 114
해양 오염 sea contamination Ⓢ 93
해킹 hacking Ⓣ 148–150, 158 Ⓢ 104
핼쑥하다 to look pale Ⓣ 152 Ⓢ 100, 104
햅쌀 freshly harvested rice Ⓣ 118 Ⓢ 74, 81, 114
행복 지수 happiness index Ⓣ 51 Ⓢ 33
행색 one's appearance, one's looks Ⓢ 89
행위 behavior, action, act Ⓣ 80, 87, 159, 194 Ⓢ 57
행하다 to act Ⓣ 60 Ⓢ 44
향상되다 to be improved Ⓣ 80 Ⓢ 52, 56, 73
허겁지겁 in a rush, hurriedly, hastily Ⓣ 116 Ⓢ 80
허무감 emptiness, sense of futility Ⓣ 100 Ⓢ 65, 68
허용되다 to be allowed, to be permitted Ⓣ 86, 87 Ⓢ 57
허위 false, untruth Ⓣ 149, 150 Ⓢ 104
허전하다 to feel empty, to be lonesome Ⓣ 118 Ⓢ 80
헌신하다 to devote oneself to Ⓣ 69, 70 Ⓢ 45
헐값 giveaway price Ⓢ 30
헤매다 to wander Ⓢ 22
혁명 revolution Ⓣ 64, 68 Ⓢ 45
혁신적 innovative, revolutionary Ⓣ 79, 82 Ⓢ 51, 56
현장 construction site Ⓣ 79, 135, 136 Ⓢ 24, 34, 51, 92, 106
현존하다 to be existing, to be present, to be now living Ⓣ 66 Ⓢ 45
혈액 순환 blood circulation Ⓣ 39, 201 Ⓢ 23, 32
협력 cooperation, collaboration Ⓣ 140 Ⓢ 93
협박 threat, blackmail Ⓢ 89

About the Authors

김민정 Min Jeong Kim
이화여자대학교 언어교육원 강사
Instructor of ELC, Ewha Womans University
이화여자대학교 교육대학원 외국어로서의 한국어교육전공 석사
M.A. in Korean Language Education as a Foreign Language, Ewha Womans University

강여림 Yeo Rim Kang
이화여자대학교 언어교육원 강사
Instructor of ELC, Ewha Womans University
이화여자대학교 교육대학원 외국어로서의 한국어교육전공 석사
M.A. in Korean Language Education as a Foreign Language, Ewha Womans University